景仰賢達
同心同德
科學民主
繼武前行

壬辰夏 韓啓德

九三学社人物丛书

陈学俊传

李 红 著

學苑出版社

图书在版编目（CIP）数据

陈学俊传／李红著．—北京：学苑出版社，2012.9

（九三学社人物丛书）

ISBN 978-7-5077-4082-0

Ⅰ．①陈…　Ⅱ．①李…　Ⅲ．①陈学俊－传记　Ⅳ．①K825.46

中国版本图书馆 CIP 数据核字（2012）第 185752 号

责任编辑：周乙龙　方晓喆
封面设计：智行东方
出版发行：学苑出版社
社　　址：北京市丰台区南方庄 2 号院 1 号楼
邮政编码：100079
网　　址：www.book001.com
电子邮箱：xueyuan@public.bta.net.cn
销售电话：010-67675512、67678944、67601101（邮购）
印 刷 厂：高碑店鑫宏源印刷厂
开本尺寸：787×1092　1/32
印　　张：7.5
字　　数：135 千字
版　　次：2012 年 9 月第 1 版
印　　次：2012 年 9 月第 1 次印刷
定　　价：18.00 元

总　序

九三学社是在中共抗日民族统一战线政策影响和感召下，于抗日战争后期成立的，她参与新中国的建立，成为在中国共产党领导下爱国统一战线中八个民主党派之一。在共和国成立以来的60多年里，九三学社始终弘扬爱国、民主、科学的传统，与中国共产党风雨同舟，共同探索中国特色社会主义政治发展道路，在国家建设、改革、发展征途上留下了闪光的足迹。在此历史进程中，九三学社发展成为拥有13万多名社员、组织比较健全、有较强参政能力和较高社会地位的政党。

九三学社走过的历程，是一部无数优秀人物引领广大同仁一往无前、执著追求的奋斗史。抗日战争时期，面对国破家亡、山河破碎，九三学社创始人或多方奔走，参与抗日，或介绍新知，宣传救国。解放战争时期，面对独裁专制、民不聊生，九三学社同仁或大声疾呼民主，反对暴政，或积极主张科学，倡导革新。新中国成立后，面对百废待兴的局面，九三学社同仁和全国人民一起殚精竭虑、奋斗不止。九三学社各个时期旗帜性人物身上体现出的崇高风范和优秀品质，是我社最宝贵的精神财富。回顾九三学社的历史，我们有勇往直前、舍生取义的革命家和社会活动家，有淡泊名利、刻苦钻研的科学家，有不畏权势、追求真理的人文学者，有忍辱负重、甘为人梯的教育工作者……他们共同铸就了九三学社一以贯之的灵魂——爱国、民主、科学，九三学社的优良传统在他们身上得到最好的诠释。

九三学社中央一直重视整理保存社史、发挥社史资政育人的作用，2007 年又启动了以史料抢救和整理为重点、包括七个方面内容的社史工程。几年来，社史工程取得了显著成绩，《社史研究通讯》的编辑出版、社史专题片的拍摄、口述史工作的启动、社史文物收集等各个方面都有不同进展。“九三学社人物丛书”作为社史工程的一项重要内容，经过各方面辛勤的努力，也结出了丰硕的成果，第一批图书已完成了撰写、编辑，即将出版。这套丛书选取九三学社重要创始人、早期著名社员、历任社中央领导，以及在本人所从事领域里取得突出成就的旗帜性人物，力图以翔实的史料和平实的语言再现前辈先哲们曲折丰富的人生历程和绚丽夺目的光辉业绩。我相信，丛书的出版必将激发我社成员和广大读者继承他们的优良传统，体会他们忧国忧民的赤子情怀，感受他们坚毅从容的人格风范，学习他们精益求精的科学精神，为巩固、完善和发展中国共产党领导的多党合作和政治协商基本政治制度，为中华民族的伟大复兴，做出更大贡献。

是为序。

韩启德

2012年8月

目　录

第一章　乌衣时光　童年记忆

1919年的农历元宵节，一个婴儿在安徽省滁县乌衣镇呱呱坠地，长辈给他取了个意蕴深远的名字：陈学俊。在如此喜庆的日子里诞生的陈学俊为众人增添了更多的喜悦，大家纷纷觉得这个孩子很有福气，长大之后一定会有一番作为。

乌衣镇位于安徽省滁州市东南部，北有滁州醉翁亭，南靠六朝古都南京，水陆交通便利，京沪铁路的津浦段1912年便建成，在乌衣镇穿镇而过，并设有停靠站，境内滁河与长江沟通，可通航百吨级客货船只，素有滁州的“南大门”之称和“滁州首镇”之美誉。民国初年杭海编纂的《滁县乡土志》中便明确提到乌衣“县境沿津浦路线市镇凡在南乡者曰乌衣镇”，足见其重要性。乌衣镇风光秀丽，镇北滁河蜿蜒曲折，绕镇而去，五里青石板长街古老悠长，两边店铺林立，热闹非凡。

镇上人家很多是同姓宗亲，所以关系都非常密切。陈学俊家的兄弟姐妹之间关系非常亲密，即使是堂兄弟姐妹，也和亲兄弟姐妹一般相处，排行也是统一按大小来排。陈学俊出生的时候，已经有了一个哥哥陈学仁，但由于陈学仁之上还有一个堂兄陈学奎，所以家里统一排行，管陈学奎叫大哥，陈学仁叫二哥，而陈学俊则排行第三。后来又陆续出生的还有老四陈学信、老五陈学仪、六妹陈学贤，以及最小的弟弟。六妹陈学贤和小弟在抗日战争时期逃难农村，因缺医少药而夭折，成为大家心里最难磨灭的伤痛。兄弟四人，兄友弟恭，一路扶持，均有了不错的发展。

和当时的大部分家庭一样，陈学俊家也只是普通的老百姓，并没有十分显赫的家世。陈学俊的祖父在陈学俊年纪很小的时候就去世了，所以陈学俊只是大致记得祖父是从安徽省定远县逃荒来到乌衣镇的，其他的都没有什么具体印象。祖母姓汤，是一名生长在农村的普通劳动妇女，没有什么文化，也不识字，但是却非常会勤俭持家，管理家务，得到了大家的广泛尊敬，被尊称为陈老太太。陈老太太是一位非常和蔼可亲的人，陈学俊对她有着深厚的感情。陈学俊在南京读高中的时候，曾有一次邀祖母到南京来游玩，并和她一同去电影院看电影。陈老太太终生操劳，一辈子都未离开过乌衣镇，更是没看过电影，所以当接到孙子的邀请时，非常高兴和感动。在看电影的过程中，陈老太太看到银幕上出现的那些人物，觉得十分稀奇，于是不由得想走近一点看个仔细，结果未料当时是梯式的座位，一不留神便摔了一跤，腿也受伤了。这件事令陈学俊终生难忘，一想起来便觉得既难过又怀念。1947 年陈学俊留学回国，陈老太太却已经在抗战时期病逝在南京了，这令陈学俊非常悲痛。他的第一本书《燃气轮机》，第一页便写着“纪念先祖母”，由此可见对祖母的怀念之深。多少年来，只要陈学俊去南京，必定会去雨花台一次，在雨花台的草坪上朝着陈老太太墓地的方向深深鞠躬，以示缅怀。

陈学俊的父亲陈克均，1892 年出生，字复衡，幼年曾在私塾上学，长大之后也一直自学不辍，文化基础比较好。少年的陈克均打得一手好算盘，16 岁的时候便开始在乌衣镇菜市场帮人管账。陈学俊的堂兄陈学奎只比陈学俊的父亲小一岁，文化水平虽然不及陈克均那么高，但也算得上是有文化、有学识的人。幼年的陈学奎便在商店做学徒，学到了很多从商经验。陈克均和陈学奎慢慢长大，从商的天赋也就慢慢显现出来，叔侄两人便决定共同经商。两人先是开办杂货店，后来又开办过粮食行，经营粮食生意，有过非常好的业绩。陈家叔侄的经商对乌衣镇来说也并非什么稀奇事，乌衣镇素有

“鱼米之乡”的美誉，自古以来各行各业都比较发达，经商更是乌衣人利用自身优势发展自己的一大特点。乌衣盛产红土，《滁县乡土志》中记载道：“西南山石甚坚，津浦铁路数百里内所需石子，咸取于是。乌衣镇之焰红土多而色红，陶人取之烧以为砖，工厂技师取以制以各种机器之模型，经商业者且运销于巨埠云”，可见除了传统的烧砖制造之外，乌衣人很早就学会了将家乡的特产“运销于巨埠”了。陈学俊记得在他幼年时期，便曾乘坐过木船由乌衣镇经滁河到长江，再沿江由浦口至无锡，觉得非常有意思。当时的木船就是陈家叔侄经营粮食生意用的，他们将从农村收购来的粮食产品装运到江苏省无锡粮行销售，获得了不少的利润。陈家叔侄的经营由布匹杂货到粮食烟油，规模虽然都不大，但种类齐全，在当时的乌衣镇已经是小有名气了。陈克均后来还担任了乌衣镇商会主席，他为人正直公平，热心公益事业，得到了全镇居民的爱戴。陈克均生活简朴，作风正派，烟酒不沾，品德高尚，以身作则，对陈学俊兄弟等人起了非常好的教育作用。

陈学俊的母亲姓张，娘家在离乌衣镇6里路的黄里铺，18岁时与陈克均结婚，比陈克均小5岁。张氏虽然目不识丁，但是为人忠厚老实，勤俭持家，与陈克均的感情非常好，夫妻恩爱和睦，相敬如宾，互相扶持。张氏非常的勤劳，在陈学俊的记忆中，她每天要去河边淘米三次，虽然距离不远，但是每次手上都是挎着一个大大的米篮子，十分沉重，所以经常弄得胳膊上青一块紫一块。等到做好了饭菜，便让大家先吃，自己总是等到大家吃完之后，随便吃点剩下的饭菜。虽然如此辛苦，但张氏对此从没有怨言，总是任劳任怨地做着陈克均的“贤内助”，帮他打点好家里的一切。张氏也非常会持家，除了日常的事情之外，还很重视生活质量，比如她每天晚上都会利用煤油灯罩上面的余热用茶缸煨一些红枣，再放几个桂圆，第二天清早给丈夫吃，算是当时难得的补品了。

由于父亲陈克均的辛勤劳作和母亲的勤俭持家，陈

陈学俊的父母亲

家已经有了较为殷厚的家底，于是父亲便开始考虑起陈学俊兄弟们的上学之事了。当时的乌衣镇有两所小学，一所在东街，名为乌衣小学，是一所公立的学校；一所在西街，名为育智小学，离陈学俊家很近，是一所私立的小学。陈克均的眼光看得比较远，决定让孩子们到育智小学就读，接受一些不同于公立小学的教育模式。育智小学在当时的乌衣镇，学校规模和教学质量都称得上一流，所以陈克均选择育智小学，不论是从开阔孩子们的眼界上来讲还是从学校的教学实力上来讲，无疑都是最佳的选择。陈克均自己对子女的教育很有一套，他让孩子们去读书，并不是为了让他们接自己的班去经商做生意，而是想让孩子们学到各种文化知识以及做人的道理，这在当时讲究“子承父业”的中国是非常难得的。陈克均让子女上学最讲究的也并非分数和成绩，而是个人的品德。个人的学习成绩和分数只是一个方面，品德一定要端正，要诚实勤俭，不能懒散娇气。陈克均也从不体罚打骂孩子，如果发现孩子们有错误，往往是让他们认真思考错在何处，如何改正，即使是特别生气的时候，也只是让孩子们罚站，让他们思考为什么。这样的教育让陈学俊兄弟对父亲非常敬畏，也非常爱戴。

在陈克均的这种教育方式下，陈学俊兄弟品德非常优秀，勤俭朴素，待人有礼，在学习上也都有很不错的

育智小学原址，现为乌衣镇第二幼儿园和第二小学

成绩。比陈学俊大三岁的陈学仁，1929 年小学毕业后考取了南京中央大学实验中学，1932 年初中毕业之后又考取了江苏省扬州中学高中，这两所都是当时非常有名的中学，也足见陈克均教育的作用。陈学俊读书比较早，1931 年春便从育智小学毕业，考入了南京金陵中学，这是一所教会办的私立中学，地点在南京乾河沿。但很可惜的是，陈学俊的初中只读了一年便休学在家了，因为当时正逢“一·二八”事变发生，为了避免战事波及，他不得已从学校回到了乌衣镇。在家休息期间，陈克均也没有忘记孩子们的教育，特地请了一位姓林的老师

给陈学俊补习功课。在教学的过程中，林老师发现陈学俊非常聪明好学，于是建议他不要再回到金陵中学读初中，干脆直接跳级考高中更好。在这位老师的帮助和鼓励下，1932 年暑假，陈学俊连跳两级，直接考取了私立南京安徽中学高中部。这年秋天，在父亲赞赏的目光和母亲依依不舍的话语中，年仅 13 岁的陈学俊收拾行装，离开了乌衣镇，远赴南京，开始了他的南京求学之旅。

第二章　南京印象　少年求学

私立南京安徽中学是陶行知、姚文采、夏辅宜、李希白、洪范五等十余人于 1923 年创办的，当时叫南京安徽公学，1929 年更名为私立南京安徽中学，正、副校长分别由陶行知和姚文采担任。私立南京安徽中学的校歌由当时东南大学教授、著名学者吴梅（字瞿安，号霜臣）于 1926 年创作，歌词为“龙眠潜霍隔江青，童冠集群英。十年时事成荆棘，弦歌地变成了军声。今日重栽桃李，一堂如见澄平。客愁乡梦不须生，相对读书灯。南朝自古多才彦，论游学最好金陵。漫听八公鹤唳，行看万里鹏程。”歌词激昂、意义深刻，为广大师生所喜爱。陈学俊 1932 年进入私立南京安徽中学时，姚文采担任校长，此时的私立南京安徽中学凭着其先进的教育思想和办学理念，以及齐全的教学设备、端正的校风学风、严明的纪律规范、学生优良的学习成绩等，在远近颇具盛名。陈学俊在这里度过了他三年的高中时光，结识了很多的同学，有不少都成为日后的至交好友，陪伴他度过了人生的重要旅程。

1935 年 7 月，陈学俊从安徽中学毕业，去扬州中学与二哥陈学仁一同准备考大学，当时的陈学俊年仅 16 岁。到了扬州中学之后，陈学仁的同班同学都误以为他是要来考扬州中学高中部的，足见其年幼程度。当时的制度和现在的高考制度不一样，那时中国的各大学都是自己独立招生，只要时间上不冲突，各个学校都可以报名。陈学俊报考了交通大学、武汉大学、中央大学、金陵大学和山东大学这五所当时非常有名的大学。陈学俊选报大学有三个基本条件：有名的，离家近的，风景优美的。这五所大学均满足这些条件。陈学俊最终考取了中央大学机械系、金陵大学农艺系（当时非常有名）以及山东大学机械系。陈学俊当时也去报考了交通大学的机械系，他登上工程馆的顶楼平台，俯瞰这所美丽的大学，心中暗想如果这次考不上，将来总有一天也要回到这所知名的大学来。当时交大机械系的招生名额只有 40 名左右，江苏省知名中学众多，学生也个个能力非凡，年幼的陈学俊与之比起来，竞争力自然是稍微逊色了一点，最后结果也是未能被录取。陈学俊最后选择了离家比较近的南京中央大学机械系。二哥陈学仁如愿地考入了交通大学机械系，令陈学俊羡慕不已。

虽然陈家在父亲陈克均的经商之下有了一点积蓄，但是要同时供给两个孩子上大学，并且下面还有两个孩子在读中学和小学，这对陈家来说也是一件不太容易的事情。陈学俊和二哥陈学仁也清楚这种情况，所以在考大学的同时，也报考了安徽省“清寒贷金”。这是安徽省设立的无息贷金，专供安徽学生上大学所用，学生大

1935 年于安徽滁县乌衣镇家中

学毕业工作之后再将所借的钱分期偿还给安徽省政府，和现在很多大学设立的国家助学金贷款差不多。当然，这个“清寒贷金”并不是每个人都可以获得的，由于名额有限，必须经过考试才能获取。陈学俊兄弟二人很幸运地通过了考试，获得了每人每年260元的贷款，这在当时算是一笔不小的金额了。除去一年的学费20元，生活费以及其他书籍杂费100元之外，余款可以交给家里添置衣服和作为零用。实际上在当时陈学俊兄弟毕业之后，曾准备将这笔贷金偿还给安徽省政府，但由于当时正值抗战时期，时局混乱，这方面的事务也无人管理，最后也就不了了之了。每次回想起来，陈学俊总是对此非常感激，若非当时安徽省政府的资助，兄弟两人是否能顺利完成学业还是个未知数，这也成为他后来无偿资助很多贫困学生的原因之一。

大学的生活是十分惬意的，20世纪30年代中国的各个大学招生人数都不是很多，一般著名的大学在校规模基本都不会超过2000人，所以学生之间关系非常融洽，学术、生活气氛都很好。陈学俊所就读的中央大学在当时是一所综合性的大学，理学院、工学院、农学院、医学院、文学院、教育学院、艺术系和体育系等院系都有设立，很多大师级的人物都曾在这里担任过教授，比如绘画大师徐悲鸿和提琴家马思聪等，令同学们学习热情高涨。机械系属于工学院，整个学院每年招生大概200多人，这些学生除了机械系之外，还有电机系、土木系、水利系、化工系、建筑系和航空系，所以分配下来，各系的人数并不是很多。1935年进校的机械系学生只有20人，毕业时18人。由于人数较少，所以同学之间非常团结，再加上年轻气盛，也很活跃、很爱出风头。陈学俊每每回忆起当时他们穿着印有机械系1938班级的外套出入学校，并向比他们高四届的航空系特别研究班的学长们挑战比赛小足球的情景，总是会忍俊不禁，觉得十分有趣。至现在毕业70多年了，除了“文革”中断的10年之外，同班同学一直保持着班级友情，以循环信的方式互相问候，了解彼此的情况，书信往来从未间断。

在大学读书期间，陈学俊是班上年龄最小的，所以一般班上的工作都轮不到他。陈学俊爱好广泛，特别是对体育和音乐尤为着迷。他曾经是机械系篮球队队员、工学院足球代表队队员，在球队里面表现十分出色。当时的中央大学设有音乐系，经常有人在六朝松旁的梅庵内弹琴，陈学俊也常常到此处散步，聆听优雅的琴声，觉得真是人生的一大享受。也许正是由于年纪小，贪玩的天性得到显露，当时的陈学俊并没有把太多的经历放在学习上，对功课没有像以前那样勤奋，所以成绩平平，一年级的高等数学差一点没有及格。除了高等数学之外，陈学俊也不大喜欢画图，投影几何也只有 60 多分，机械制图稍微好一点，在 70 分左右，但总体还是算不上优秀的。第一学年不太乐观的成绩让陈学俊受到了不小的打击，也让陈学俊有了一点危机感，他意识到除了课余生活之外，学习仍然是要抓紧的。于是，在这种思想的作用下，陈学俊的学习成绩从第二学期开始有所改善。总的来讲，陈学俊在大学时期偏好体育和音乐，读书成绩在班上只能算是中等或者说是偏下水平。但从另一个方面来讲，当时大学的考试都非常难，四年总平均成绩达到 75 分以上就算不错了，只有极少数优秀的学生能在四年总平均成绩达到 80 分以上。

1937 年 7 月 7 日，抗日战争全面爆发，安徽、江苏等地的局势也变得十分紧张，人们纷纷开始逃亡。很多东部的学校已经考虑到迁校，学生也纷纷迁往相对比较安全的地方。抗日战争爆发之初，陈学俊为了安全，决定先乘火车送四弟陈学信去安徽南部徽州屯溪的一所中学读书。当时沿途兵荒马乱，人心惶惶，坐在火车上，看到这种情况，想起国家，想起自家兄弟的各自分散，忧愤之情怅然而生。铁路旁有小溪，月亮的影子在溪水中随着火车的前进而向前移动，与车同行，这就更使陈学俊百感交集，不由得提笔写下“凝望月儿水中游，送弟八百下徽州。从此同为他乡客，何时共乐明月秋”，以表达他当时不安和悲伤的心情。

抗战伊始，为了中国的教育事业，中央大学决定迁往四川重庆，由当时的民生公司负责运送，还在中央大学念大二的陈学俊面临了他人生中第一次逃难。需要装运的东西非常之多，航空系供教学用的拆卸飞机三架、医学院供医学解剖用的动物标本、农学院供实验用的良种动物，这些都要统统运走。为此，民生公司特别破例，临时改造了船的底层，才让这些东西能够顺利装运出去。当时真是鸡、犬、牛、羊、图书仪器和师生共一船的狼狈场面。陈学俊随学校大批学生以及仪器设备乘船经武汉、宜昌、三峡等地沿江而上，前往重庆，开始了他最为艰辛的一段重庆生活。

第三章　重庆岁月　喜结连理

重庆是一座山城，想要在重庆选址作为中央大学的新校舍确实也是一件难事，在多方考察下，中央大学最终选定了较为平坦的沙坪坝松林坡作为其在重庆的临时校址。松林坡校舍于 1937 年 9 月下旬破土动工，为了保证正常的开学上课，整个建筑工程以最快的速度突击进行，大家齐心协力，仅用了 42 天时间便建成了可供千余人教学、住宿的校舍，这在当时不能不说是一个奇迹。就是这一排低矮的教室和简陋的宿舍，接纳了历尽千辛万苦长途跋涉的中央大学广大师生，他们在这里将中国的教育事业继续发扬光大，度过了八年艰苦的抗战生活。

陈学俊和逃亡而来的同学们继续在此读书，虽然与当时炮火连天的地方来比相对安全，但是很多人在迁校的过程中和亲人失散，因此非常担心，心里的痛苦也并未能减轻多少。陈学俊也是在迁校的途中和父母失去了联系，不知音讯，一断就是好多年。老二陈学仁在抗战期间曾在给陈学俊的信中写道："月到中秋分外明，一夜乡心五处同。"意指当时陈家兄弟三人、二嫂、父母以及五弟分散在五个地方，无法团聚，各自思念。陈学仁在抗战时期也离开了上海，先去了武汉，后又去了长沙，进入了陆军机械化学校第二组技术学员队，结业后任炮兵第十一团第一连中尉技佐，并在长沙附近参加抗日战争，1939 年脱去军装去了四川乐山，借读于迁到该地的武汉大学机械系，并于 1941 年毕业。老四陈学信抗战后不久也由皖南来到了四川，在合川县一个中学借读，毕业后考取了武汉大学化学系。虽然经历了种种的磨难，但兄弟几人最终都能平安地度过抗战那段艰苦岁月，这对陈学俊来讲无疑已是倍感幸运的事情了。

相对于抗日战争期间的种种艰苦，陈学俊在重庆的生活还是比较安定的。从南京的逃亡是随着学校的大部队一起的，并且到达重庆之后便开始建校舍准备读书，其中并没有什么耽误，当然生活条件的艰苦是必然的。当时中央大学的校舍是用竹篱笆搭起来的简易房子，用黄泥巴简单地糊着，安全性极低。住的宿舍是一百多人的大统仓，并且还是双层铺，拥挤不堪。重庆气候潮湿闷热，蚊蝇臭虫遍地都是，加上营养不良，中央大学的学生差不多每个人都有疟疾病史，肺炎、肝炎和肠炎的发病率也非常高。抗日战争时期，国家粮食部只供应中央大学每天30担（包括教职工）平价米，这种米质量极差，掺杂有沙子、稗子、霉变米、老鼠屎等，煮出来的饭难以下咽，同学们戏称为“八宝饭”。那时在学生中广为流传着“顶天立地”、“空前绝后”这两句极为形象的话，“顶天”就是指下雨没有雨伞，只能光着头淋雨，“立地”就是鞋袜都破洞了，只能光着脚走路，而“空前绝后”则是指裤子前膝或者后臀磨出洞来，破烂不堪。平日的用水需要到嘉陵江边去取，从中渡口爬大约八层楼高的坡才到宿舍，天天如此，其中艰辛是可想而知的。教师们的条件也好不到哪里去，随着战争的持续，物价开始暴涨，黑市米价甚至高达300元一担，有些子女较多的教师家庭，刚开始的时候还能以积蓄来补贴，后来慢慢去典当，最后基本上是全部在饥饿线上挣扎。当时中央大学拥有很多具有学术权威性的知名教授，对学生影响很大，他们虽然生活清苦，但是教学非常认真，中午也不回家，学生们课余去请教，他们也不怕麻烦，因此师生之间感情深厚，关系非常融洽。

除了生活条件的艰苦之外，日军时不时来袭更是严重威胁到大家的安全，钻防空洞也成了中大师生的“必修课”了。据有的教师对沙坪坝空袭的统计，有一个月空袭高达 28 次，有一天钻过 5 次防空洞，由此可见其危险性。每天早晨，如果是大雾，师生们便进课堂上课，若是天气晴朗，便只能待在防空洞，以躲开日军的飞机轰炸。当时日本的飞机经常在重庆的上空盘旋，不时进行轰炸，令大家非常不安，重庆市区多次遭到日军飞机的狂轰滥炸，沿江木板结构的房屋一烧而光，火光冲天，惨绝人寰。特别是在 1938 年之后，日军开始将轰炸目标集中指向重庆，情况便更为严重。在 1939 年的“五三”、“五四”大轰炸中，日军在重庆市区就投弹近 300 枚，炸毁焚毁房屋近 3700 栋，造成了 6300 余人

陈学俊 1938 年在重庆沙坪坝松林坡中央大学校门前

伤亡。对于这一切，中大全校师生都无比愤怒，大家当时心里唯一的念头就是努力读书，科技救国。

在国难当头、大家痛恨侵略者的同时，也非常挂念流离失散的亲人。在一次中央大学安徽同学会聚会的时候，陈学俊唱起了《念故乡》这首歌："念故乡，念故乡，故乡真可爱；天甚清，风甚凉，乡愁阵阵来；故乡人，今何在，常念念不忘；在他乡，一孤客，寂寞又凄凉；念故乡，念故乡，故乡真可爱；好山河，成战场，空忆从前乐，空忆从前乐工。"在场的学生都纷纷流下眼泪。当时的日本帝国主义大规模空袭重庆，敌机每天狂轰滥炸，导致学校的教学无法正常进行，众人寝食难安，经常需要躲进防空洞内以保安全，于是大家更多将目光放在祖国大家庭上，经常高唱抗战歌曲，鼓舞斗志。比如"大刀向鬼子们的头上砍去……"，"我们都是神枪手，每一颗子弹消灭一个敌人……"，"我们必须回去，从敌人的枪弹底下回去；我们必须回去，从敌人的刺刀丛里回去；把我们打胜仗的刀枪，放在我生长的地方"等等，抒发自己对日本侵略者的痛恨和对祖国的热爱。陈学俊在歌唱这些歌曲的时候声音洪亮，音色动人，慷慨激昂，饱含热情，经常赢得大家的热烈掌声，这与他自幼就喜欢音乐分不开，更是与他当时参加了嘉陵歌咏团分不开。

嘉陵歌咏团是中央大学在1937年为了丰富学生们的课余生活，也为了让大家能够学到更多的抗战歌曲，振奋人心，与相邻的重庆大学联合组成的一个歌唱团体，两校的学生都有参加。嘉陵歌咏团每周练唱一次，指挥是陈松林、王文杞先生等，演唱的歌曲也大多以抗战歌曲为主，有时候也会演唱一些国内音乐家写的歌曲或者世界名曲，这其中的很多歌曲到现在陈学俊都会不时想起来。其中的《我们都是神枪手》、《长城谣》、《嘉陵江上》、《教我如何不想她》、贝多芬第九交响乐中的

中央大学与重庆大学联合组织嘉陵歌咏团——第三排左二为陈学俊、第一排左一为袁旦庆

《欢乐颂》、意大利名曲《我的太阳》等，可以算得上是当年他最为钟爱的歌曲了，这些歌曲也在当时的中大师生中广为流传。也就是在这个歌咏团里面，陈学俊认识了和他相伴一生的爱人——袁旦庆。

袁旦庆是中央大学电机系的学生，和陈学俊一样，也是非常喜欢音乐，并且有着非常动人的嗓音。在嘉陵歌咏团里，当陈学俊还只是个普通的合唱团团员时，袁旦庆已经担任女高音独唱了，这让陈学俊敬佩不已。陈学俊真正意识到自己对袁旦庆有好感是在嘉陵歌咏团举行的一次音乐会上，那场音乐会是在从天津迁到重庆小龙坎的南开中学举行的，那个时候的袁旦庆清纯美丽，大方得体，在台上独唱了《长城谣》和《渔夫》这两支歌，博得了如雷的掌声，也打动了陈学俊年轻的心。但是在当时那个年代，男女之间的交往还是比较保守的，陈学俊虽然对袁旦庆心生爱慕，但是也不能太过唐突地去和她结识，这一点让当时的陈学俊有点为难。思来想去，陈学俊决定采用比较循序渐进的方法慢慢接近袁旦庆。刚好陈学俊的班上有位叫查礼官的女同学，和袁旦庆是老乡，于是便成了陈学俊最好的掩护者。由查礼官搭桥，一边是同班同学，一边是老乡，在互相的接触中，陈学俊和袁旦庆两个人也自然而然地慢慢熟悉起来了。在互相了解的过程中，陈学俊惊喜地发现同是学工程的袁旦庆和自己非常的投缘，两人不仅有着共同的学习目标，而且还有着共同的兴趣爱好，陈学俊愈发觉得对方就是自己要找的另一半。袁旦庆的生日是在农历正月初一，也就是春节，而陈学俊的生日是在农历正月十五的元宵节，都是十分喜庆的节日，从某种意义上来说，算是十分难得的缘分了。

经过长时间的不断了解，陈学俊终于鼓起勇气给袁旦庆写了一封委婉含蓄的信，信中说希望和对方“做朋友”，从今天来看，这绝对是一封地地道道的情书。对方到底是如何看待自己的呢？收到这封信会有什么反应呢？从递出信的那一刻开始，陈学俊的心情便一直忐忑不安。也许是被陈学俊信中的真诚所感动，也许是在相识的过程中逐渐发现对方也正是最适合自己的人，不久，袁旦庆就给陈学俊写了回信，字迹清秀雅致，态度落落大方，表示愿意和他继续交往下去。袁旦庆的同意让陈学俊雀跃不已，信中流露出来的风度和文采再一次令陈学俊为之着迷。那封信也被陈学俊翻来覆去看了无数遍，并且一直当作珍宝一般收藏起来，成为两人交往里程碑性的标志。

1939 年陈学俊大学毕业，被分配到位于中央大学对面盘溪的中央工业试验所机械工厂，离袁旦庆的居所并不远。两人经常见面，或是在歌咏团，或是在江边防

1939 年大学毕业

空洞前，或是在当时被称为“石门”的嘉陵江中两块大石上，畅谈各自的兴趣志向和未来理想，感情日益深厚。现在在嘉陵江上建起了雄伟的“石门大桥”，它的正下方就是当时两人所说的那两块大石，现在依然清晰可见。嘉陵江水奔流而下，这两块大石正立其中，将江水隔为三段，在这上面谈情说爱，既浪漫，又壮观，确实是增加感情的好地方。在两人交往的过程中，袁旦庆还曾特地请陈学俊全班同学一起吃饭，举止大方得体，给大家留下了非常美好的印象。双方的亲友对两人的交往也持同意态度，陈学俊的二哥陈学仁一直夸弟弟有眼光，找到了一个最合适的人。著名的文学家冰心女士是袁旦庆的表舅母，与陈学俊的老师顾毓瑔所长和原教育部次长顾毓琇先生是很要好的朋友，当得知陈学俊和袁旦庆两人在交往的时候，都认为两个人不论是在

陈学俊与袁旦庆当年约会的“石门”，现在上面建成了石门大桥

性格兴趣还是在理想抱负上都是十分合适的一对，十分支持和赞同两人的交往。1942 年袁旦庆大学毕业之后留在中央大学电机系担任助教，当时只有特别优秀的毕业生才会被学校留任，所以这令她十分高兴，工作也倍加努力勤奋。袁旦庆的留校让陈学俊十分高兴，一方面两人工作的地点比较近，十分有利于互相交往，另一方面也更加深入地了解到这个女子有着非常优秀的品格，与之交往是十分正确和合适的。这一年的暑假，袁旦庆协助陈学俊到北碚去测绘一台磨粉机，并一同游览了北温泉，工作上互相协助，旅途中其乐融融，两人再一次深刻地了解到对方就是将来要陪伴自己一生的人。陈学俊还曾写过一副对联："元旦元宵同庆佳节，机械电机共志工程。"称得上是两人生活和工作的最佳写照。

1943 年 4 月 18 日，陈学俊和袁旦庆两人永远都不会忘记这个日子，那一天风和日暖，春意盎然，在同学胡美珠和胡勃的钢琴小提琴伴奏中，两人合唱着《婚礼进行曲》，举行了婚礼。这场婚礼剔除了那些繁琐老旧的习俗，非常生动活泼，但又丝毫不失礼数，令众人大为惊叹，当时在沙坪坝一带传为佳话。婚礼上的主婚人是袁旦庆的叔父袁实蕃和陈学俊的二哥陈学仁，介绍人是中央大学电机系的陈章主任和上海机械厂（当时由上海迁到重庆）的颜耀秋经理，证婚人是中央工业试验所的顾毓瑔所长。冰心女士婚礼前亲自为袁旦庆化妆，还送了精美的红色旗袍衣料作为贺礼，令两人十分感动。到现场参加婚礼的还有两人在重庆的同学、同事以及中央工作实验所机械厂的工人，有180人之多，场面非常隆重。婚宴之后由顾毓瑔所长的汽车送两人到嘉陵江边渡口，渡江之后再送到中央工作实验所新建的宿舍楼，在大家的真诚祝福之下走入新居。1943年暑假之后，袁旦庆也顺利地调到中央工业实验所电气实验室任助理工程师，两人从此便朝夕相处在一起了。

1943年4月18日陈学俊与袁旦庆在重庆沙坪坝举行婚礼，共同歌唱《婚礼进行曲》

在爱情美满、喜结连理的同时，陈学俊在工作上也有不小成就。

1939年7月，年仅20岁的陈学俊大学毕业，获得工学学士学位，按照学校的分配，来到了重庆经济部中央工业实验所（简称中工所）工作，开始实现他踏实工作报效祖国的理想。当时的所长顾毓瑔先生，是中央大学的兼职教授，也是陈学俊的老师，为人祥和真诚，对陈学俊十分欣赏。陈学俊先是在北碚中央工作实验室工作，担任强度试验研究，受到了室主任唐耀先生的重视。1940年中央工作实验所筹备建设机械工厂，陈学俊便被调到沙坪坝对岸盘溪中央工作实验所机械厂工作，并于9月开始担任该厂工务课规划组主任，拟订各项规章制度，工作十分踏实勤奋，得到了广泛的好评。由于当时的副厂长兼工务课长李汉超先生是一名华侨，不会写中文，看到陈学俊的工作表现之后便决定让他从1941年起协助自己兼管工务课事务。工务课下设有机工场、锅炉场、规划组及材料工具组，这些部门陈学俊都要统统协助管理，这对陈学俊来说是非常难得的一次锻炼。在不断工作的同时，陈学俊也学到了很多的知识，并将其加以运用，令众人十分赞赏。顾毓瑔所长还特地邀请他协助自己编写《煤气发生器与煤气车》一书，这不仅是对陈学俊学术能力的一种肯定，也让陈学俊的表达能力得到了锻炼和提高，为他后来一系列学术专著的出炉打下了基础。

1941年，陈学俊的一篇关于锅炉制造方面的论文得到了学术界的认可，并受邀参加在贵阳市举行的第十届中国工程师学术年会，这是当时工程界最为有名的会议，能得到其邀请是对陈学俊学术成果的莫大肯定。于是，年仅22岁的陈学俊登上了全国性学术会议的讲台，并宣读了《锅炉制造工艺的研究》这篇中国锅炉研究方面最早的论文，获得极大的好评。这令陈学俊激动不已，觉得自己工程救国的理想是正确的，也坚定了为动力工业奋斗终生的信心。在会议期间，陈学俊撰写的《工程师与音乐》一文被刊登在贵州省《贵阳日报》上，其中还附有他为工程师写的一首歌，歌名为《工程师进行曲》，歌词是“争名利，无意义，学工程，有志气。为人民，谋福利，为社会，求进取。我们大家一致把心齐，爱团体，我们永远为中国工程奋斗到底。山河破，倭寇獗，我会员，需立志。建国家，靠机器，卫国家，靠兵利。我们大家一致把心齐，爱团体，我们永远为中国工程奋斗到底。”这篇文章和歌曲不仅写出了陈学俊为中国工程事业奋斗的壮志，也道出了他为祖国强大而努力的激情，也表达了勤劳勇敢充满智慧的中华民族绝对不会被战争所击倒的顽强精神，在当时获得了空前的好评，轰动一时。

1942年，陈学俊再次出席了在甘肃省兰州市举行的第十一届中国工程师学术年会，会后乘坐大卡车由西兰公路到西安。途中风沙漫天，一片荒凉之景。到达西安之后乘坐火车前往潼关。当时潼关以东都被日军占领，所以原本想继续东行的打算只能取消。火车站非常的混乱，到处都是逃难的同胞，神情疲惫，面色憔悴，陈学俊仿佛看到了五年前自己逃难时的场景，悲愤之情溢上心头。他在西安停留的两天，参观了临潼华清池、兵谏亭以及西安事变蒋介石所住的五间厅，深深感受到有一个优秀的国家领导人对民族是多么的重要，战争对人民的伤害是多么的巨大，也再次坚定了他工程救国的抱负。当时陈学俊的二嫂王功蕙住在其西安的叔父王月波家，同在的还有侄女陈士勤，陈学俊借此机会将她们母女二人接到重庆，带到二哥陈学仁身边。分隔多年的一家三口终于得到团圆，众人都禁不住抱头痛哭，场面十分感人。想到中国还有多少家庭面临着无法团圆的悲剧，陈学俊更是无比地痛恨日本侵略者，无比强烈地想要振兴中华。

当时陈学俊和袁旦庆两人感情已经十分浓厚，在交往过程中谈及此事的时候均是满心的忧愤，再加上两家的父母也都还音讯全无，就更加剧了这种情绪。虽然相对于当时其他一些地区来说，重庆还是比较安全的，陈学俊和袁旦庆的生活也比较安定，但是这种安定也不是长久的。1941 年开始，日军加强了对重庆的轰炸，并且将范围扩大到市区以外的郊区，情况日益严峻，人们每天都是提心吊胆。1943 年的一天，日军再一次轰炸重庆，盘溪也未能幸免于难，损失惨重。当时，有一颗炸弹就落在陈学俊他们住房的不远处，硬生生地将一块直径 50 厘米的大石块掀起来，从他们的住房屋顶直穿而下，将两人的床砸了一个大洞，令两人惊恐不已。更有一次，一位在附近盘溪水中游泳的人被日军投下的炸弹波及，在两人面前被炸得支离破碎，场面惨不忍睹。看到这样的情况，陈学俊义愤填膺，立志报效祖国的热忱空前高涨。也正是在这个时候，传来了中央工业实验所将要派他出国深造的通知。

第四章　留学生涯　发愤图强

1943 年 9 月，中央工作实验所根据国情的需要慎重考虑，决定派遣一批优秀人才到美国深造，学习国外先进的技术为己所用，“师夷长技以制夷”。陈学俊便是这 12 人中的一位。由于时局原因，正式出国的时间被延迟到了 1944 年，当时的陈学俊已经晋升到工程师的职位了，对此次出国深造更是备加期待。根据当时政府规定，公派出国人员必须参加中央训练团为期五周的学习，受训内容包括听取（中央）各部长对时事的分析报告和学习在国外的相关礼仪。受训期间，陈学俊还担任了训练团中歌咏团的指挥，教大家唱抗战歌曲，极大地提升了大家的抗战热情和志气。陈学俊等人出国乘坐的是小型飞机，飞行航路还必须经过喜马拉雅山，有很大的危险，但这是当时出国的唯一通道，别无选择。临行时，袁旦庆已经怀胎九个多月，挺着大肚子到机场送行，支持丈夫的出国深造，令陈学俊感动不已。想到妻子分娩在即，而自己却不能够陪在身边，工作和家庭的双重重担将要压在她一人的肩上，陈学俊便觉得万分的愧疚，但妻子从大局着想的态度又让陈学俊无比的感动。

1944 年 8 月，飞机从重庆起飞，经由喜马拉雅山脉时并不平稳，但总算是安全通过，并于当天在缅甸机场稍作停留再次起飞，顺利到达了印度加尔各答。然后乘车去孟买，最后从孟买乘船前往美国。茫茫大海上，离愁别绪在陈学俊心头挥之不去，想到在日军铁蹄下惨遭蹂躏的多难的祖国和分娩在即的妻子，他暗自下定决心一定要早日学成回国，绝不辜负祖国的期望，更不能辜负妻子的支持和信任。第一天到达印度之后他便为袁旦庆买了一套睡衣，托人带回重庆给妻子作为礼物，足见情深义重。

当时战争并未停息，太平洋仍处于战争状态，所以陈学俊等人乘坐的客船离开孟买时都有两条驱逐舰在一旁保护，一路向南方行驶绕道澳大利亚到达墨尔本之后方才离开，可见其紧张程度。海上的航行总共用了一个多月的时间才抵达美国西南部的圣地亚哥港，然后乘火车经洛杉矶前往纽约，到达各自工作学习的地点。陈学俊此次的工作地点被安排在美国燃烧工程公司

（Combustion Engineering Co.），是当时世界三大锅炉制造工厂之一，极负盛名。在总公司教育处的安排下，10月20日陈学俊便开始了他的学习和实习。首先是去了宾夕法尼亚州立大学锅炉实验室参加该公司产品单槽下饲式自动加煤锅炉的燃烧性能试验两周，再回到纽约总公司的设计部和评估部门参阅各种锅炉图纸并了解该公司的选用设备及估价的具体计算方法，为期两个月。然后前往公司所属的最大锅炉制造工厂实习，地点在美国南部的田纳西州查塔努加城，了解锅炉本体主要部件的制造工艺，为期三个月。最后在炉排燃烧设备及煤粉燃烧器和磨煤机工厂实习，直至1945年5月下旬结束实习阶段，成为正式工作人员，参与公司产品的现场安装调试运行，与美国工程师一起工作，享受每月150美元的工资和差旅费。在这段实习期中，陈学俊再次从各个方面对机械工程有了深入的了解，并认真吸取他人的经验，努力学习公司的技术，极大地开阔了眼界，提高了自己的工作能力。

在实习期间，除了脚踏实地地学习，陈学俊还不忘自己对音乐的喜爱，利用每天晚上的空闲时间，在所在地的音乐学院选修了三门音乐课，学习一些乐理基本知识，练习小提琴的基本功，以及一些歌唱的技巧，收获颇多。为了能尽快地适应美国文化，陈学俊还学习了很多美国流行的歌曲，对《当我们年轻的时候》、《美国梦》和《可爱的家》这三首尤为喜爱，觉得它们旋律优美，歌词动人，能触动人心。陈学俊在美国学习音乐，除了个人兴趣之外，更重要的是想让外国人对中国人有一个新的看法。在田纳西州查塔努加城实习的时候，陈学俊发现很多人对中国人有着严重的偏见。当时的美国南部比较落后，种族歧视非常厉害，黑人和白人在公共汽车上的座位都是分开的，而在陈学俊实习的锅炉厂，黑人和白人的厕所也是分开的，不能共用。与对待黑人的眼光相类似，美国白人对中国人也有着这样的歧视，虽然可能程度上不如黑人那般严重。在美国人心中，中国是个落后的国家，中国人也是落后的人群，只懂得使用体力，从事低下的体力活，没有什么智慧，音乐就更不用提了。所以当得知陈学俊学习音乐的时候，很多人都大为吃惊，想不到中国人中也有学习高雅音乐、会用英语唱歌的。有一次，一位一起学习音乐的美国同学邀请陈学俊到当地最大的教堂去唱歌，虽然陈学俊不是基督教徒，但是为了给中国人争光，他还是应邀前去了。在教堂管风琴的伴奏下，陈学俊先是高声独唱了一首大家都比较熟悉的歌曲《Londonary Air》，演唱神态自如，歌声优美动听，博得了全场热烈的掌声。接着陈学俊还演唱了《嘉陵江上》，这是一首鼓舞抗日斗志的歌曲，慷慨激昂，浑厚有力，再次令众人惊叹。演唱完毕之后，陈学俊应邀做了一个简短的即兴讲话，对着当时在教堂做礼拜的大约300位美国人，用从容的态度、流利的英语告诉他们，中国已经不是清朝封建皇帝时代的那个落后的中国了，也不是备受殖民帝国瓜分抢夺的那个无能的中国了，而是英勇抵抗日本法西斯侵略，与美国、苏联、英国并肩作战的四大盟国之一。中美两国之间要加强联系，增进友谊，在抗击侵略战争中取得最终的胜利。讲话结束之后教堂里爆发出热烈的掌声，很多美国人对这位举止得体的年轻人投以赞赏的眼光，甚至

1946年在普渡大学留学时演奏小提琴

开始称他为“友谊大使”，对中国人的印象也有了很大的改观。

1945 年 5 月下旬开始，陈学俊正式在公司参与工作，表现非常优秀。这期间他参加了当时世界上最大的单台 10 万千瓦发电机组的安装与调试，这是一项莫大的殊荣，也是对他能力的肯定。总之，在那段时间当中，从设计、制造到安装、运行，整个过程陈学俊都参与其中，获得了巨大的收获。并且在这一段工作时期，陈学俊也积攒了一笔不小的资金，当时美国每个月的餐费约 60 美金，房租每月约 20 美金，州立大学的学费每学期约 20 美金，陈学俊的积蓄足够他支付两年学习和生活的费用。1945 年 10 月初，陈学俊递交了在国内准备好的大学学习成绩单申请，顺利地前往普渡大学（Purdue University）研究院学习。普渡大学位于印第安纳州拉菲亚城，在动力工程及机车工程方面都是世界有名的，学校的外号就叫作“BOILER MAKERS”。由于陈学俊已经在美国锅炉公司工作了一年，对这个方面比较熟悉，加上自身的英语水平也比较高，所以在自己的努力下，陈学俊仅用了 10 个月的时间，也就是两个学期，就完成了硕士课程的相关学习，期间力学专题所撰写的论文《韧性与脆性》和《拉伸试验的新方法》得到了力学系教授的高度赞赏。1946 年 7 月，陈学俊提交了硕士论文《蒸汽动力用煤的燃烧研究》(《*Combustion of Coal for Steam Generation*》，导师 H.L.Solberg）并顺利地通过了答辩，获得机械工程硕士学位。

1946 年 7 月在普渡大学获得硕士学位，与同学的合影（左为陈学俊）

普渡大学的学习生活不仅是对个人能力的培养，还是展现中国学子风貌的大好时机。在普渡大学读高等工程数学研究生班的共有 50 余人，其中中国人有 4 位，而获得这门课最高学分“6”（采取 6 级评分制）的仅有 4 人，其中 1 名是美国学生，剩余 3 名均是中国留学生，陈学俊也是其中之一。陈学俊虽然在国内读书的时候成绩中等，但是经历了抗日战争目睹到祖国被侵略之后，便开始奋发图强，特别是到了国外之后，觉得自己不仅仅是一个人，更是代表着千千万万的同胞，一定要争气，不能被外国学生瞧不起，于是学习更加勤奋。其他的中国留学生也均是抱着这样的想法，所以成绩都十分优秀，另外一位中国留学生也获得了“5”的成绩，这些令授课老师十分惊叹，对中国留学生大为赞赏。这四位中国留学生，除了陈学俊之外，分别是王守武、归绍升和沈正功，都在解放前后学成归国，在各自的岗位上为国家做出了杰出的贡献。

在普渡大学读书期间，还发生了一件令陈学俊难忘的事情，并让他再次认识到祖国强大的重要性。那是在1946年年初的一天，陈学俊和归绍升开车到芝加哥，在路口遇到红灯便停下车来，后面一个美国人驾驶的汽车由于刹车不灵撞上来，虽然没有人员伤亡，但是汽车后排气管被撞弯了，还好没有什么大的问题，陈学俊也并没有意识到要向交通警察报警，只是自认倒霉便走了。没想到事后不久，一位美国警察便来到陈学俊和归绍升的住所，将两人一同带到芝加哥的一个警察分局拘留，令两人震惊不已。由于两人是国家派遣的留学生，身份特殊，第二天中国驻芝加哥领事馆便派人将两人接了出去，虽说没有什么危险，但两人都觉得受到了莫大的侮辱和伤害，便向警方提起了上诉。开庭时，陈学俊据理力争，表示自己是遵守交通规则停车而被撞，并没有违规行为，为何会被拘留？那位美国人明显就是肇事者，为什么却偏偏没有将他拘留？当时在事故地点的几位开车的目击者也被传到庭作证，均表示陈学俊两人是被撞的，并且两人还下车查看了被撞的部位，觉得不严重才没有向那位美国人索赔的。最后的结果是法庭宣布陈学俊等人无事，也不需要赔偿任何费用，只收取手续费 10 美金。但是尽管如此，一想到自己明明无辜却被牵扯进来，还被拘留了一晚，而肇事的美国人却还可以逍遥法外，甚至还反过来要求赔偿，陈学俊便觉得十分生气。除了察觉到自己的法律意识不够强烈，不了解美国的相关制度之外，也深刻地体会到只有祖国的强大，才有中国人民的幸福。

在读书期间，陈学俊还利用暑假时间，去世界三大锅炉厂的另一个工厂福斯特惠勒公司（Foster Wheeler Co.）参观实习，回到大学之后还选读了三门博士生的课程。当时陈学俊并未想着要去读博士学位，而是一心想着多学知识，早日归国，将所学运用到实际中，振兴中国，所以便谢绝了一位教师高薪挽留在美国工作的好意，按期回国。对陈学俊来说，在美国的学习是为了能将其所学运用到中国，学习科学技术是为了祖国的建设和发展，这是他长久不变的志向，从未动摇过。而在国外的三年，也更加让陈学俊认识到：祖国不强大，即使个人再厉害，在国外也是要受到欺负和歧视的。因此学习一结束，他便立即整理行李回国，丝毫没有停留。

1946 年 8 月在美国纽约 Placid 湖边船上

1947 年 3 月底，陈学俊从美国西部旧金山乘船，经过檀香山和日本横滨之间的海域回国。这次的航行没有了驱逐舰的护航，太平洋战争结束之后，辽阔的海域恢复了平静，浩瀚美丽，令陈学俊不禁感叹，太平洋终于是名副其实的“太平”洋了。客船到达日本横滨之后需要停留两天，陈学俊趁机拜访了袁旦庆的舅舅吴文藻和舅母冰心女士，并参观了日本，感慨万千。从横滨到东京，沿公路两旁的房屋全被美国飞机在“二战”后期用地毯式的轰炸炸平了，连东京最繁华的银座也暗淡无光。日本帝国主义残暴地侵略他国，给他国人民造成了难以痊愈的伤痛，最终自食恶果，而日本的人民也因为日本帝国主义的暴行遭受到巨大的伤害。战争是惨烈的，最终受伤害的都是人民。在日本短暂停留之后，陈学俊告别了吴文藻一家，乘坐客船前往上海，于1947年4月中旬安全顺利地抵达。看到袁旦庆带着已经3岁的儿子士林站在码头等待自己，闻着空气中熟悉的气味，踏上这片熟悉的土地，那一刻，陈学俊不由得轻轻对自己说：“我回来了，亲爱的祖国。”

第五章　学成归来　创业伊始

1947 年初，陈学俊如愿以偿地回到了祖国，回到了上海，开始实现他报效祖国的理想。陈学俊出国前工作的中央工业实验所已经于两年前从重庆迁到了上海，于是陈学俊便依旧回到中央工业实验所工作，并担任技正兼热工实验室主任。

当时的中央工业实验所刚从重庆迁过来，时间还不到两年，还有很多不成熟的地方。陈学俊工作的热工实验室是在当时的提篮桥惠民路 273 号中工所的第三馆内，而中工所的其他两个馆却并没有与之在一起，而是在沪西。值得庆幸的是，当时袁旦庆工作的电气试验室还是和陈学俊在同一个地方，这对夫妻两人来讲已经是非常值得高兴的事情了。陈学俊回到上海时，袁旦庆本来已经在美国普渡大学电机系申请到了助教奖学金，并且普渡大学已经同意了她入学并发来了通知书。可到底是出国深造还是留在国内支持丈夫的事业？这令当时的袁旦庆十分为难，毕竟普渡大学电机系的通知书是自己梦寐以求很久的。经过慎重的考虑，想到丈夫刚归国之后可能面临的一些困难，以及儿子尚且年幼无人照顾的情况，袁旦庆毅然决然地主动放弃了出国留学的机会，决定留在国内和陈学俊同甘共苦，共同为祖国的工业建设贡献力量。这个决定让陈学俊感动不已。值得一提的是，虽然袁旦庆放弃了赴普渡大学继续深造的机会，但是陈学俊的四弟陈学信在自己的努力下考取了自费留学，并在陈学俊的帮助下获得了在普渡大学化工系担任助教的工作，顺利地前往美国学习，这在某种程度上来说也间接地圆了袁旦庆前往普渡大学的学习梦，让袁旦庆感到欣慰不已。

归国之后的工作是紧张的，由于当时人才的紧缺，陈学俊不得不一人担当多方重担，一方面要筹备实验室，一方面又要对沪宁一带的电厂进行调查研究，另外还要组织刊物的编写。面临着如此繁重的工作，陈学俊一方面感到无形的压力，丝毫不敢松懈地努力着；一方面又感到这是祖国对自己的信任，是中央工业实验所对自己的信任，是自己实现工程兴国理想的重要一步，由此倍感自豪，浑身充满着干劲和动力。在这样的压力和动力下，陈学俊在上海的工作脚踏实地地开展起来，每一步都是中国工程史上的重大探索，意义非凡。陈学俊积极筹备实验室的兴建，用最短的时间，以最少的人、财消耗建成了当时中央工业实验所的热工实验室，并投入使用，做起了关于家庭用的无烟炉灶的试验。这是基于当时中国家庭使用的炉灶烟尘普遍比较大，不仅给家庭造成了“乌烟瘴气”的生活环境，而且还严重影响到城市整体的环境质量。这个研究在当时具有十分重要的现实意义，引起了很大的反响。在对沪宁一带电厂进行调查研究的时候，陈学俊提出了选用煤种以及改进燃烧效率的报告，这在当时引起了非常大的轰动。当时的中国，在燃料的利用方面，人们关注“量”的程度比关注“质”重得多，这种想法是当时的社会生活条件所决定的。陈学俊在这种情况下提出了改进燃烧效率的报告，实际上就是从“质”的方面对燃料的利用做出了新的解答，是一种节约型、高效型、发展型的使用方法，对当时以及后来的燃料利用影响深远；同时陈学俊还组织编辑了《热工专刊》，这是当时中国国内第一个热能工程方面的专业刊物，影响了当时一代的热能工程工作者。1948 年《热工专刊》第 1 期出版，一时洛阳纸贵，众人争相传看，其中的专业性和理论性令人惊叹。因为这个原因，陈学俊受到了当时上海机械工程学会的青睐，被隆重聘请为上海机械工程学会常务理事兼学术部主任，并从2月份起为其组织编辑了《锅炉规范》(1951年龙门联合书局出版),大受好评;除此之外,1948年下半年,陈学俊协助中央工业实验所顾毓瑔所长编写的《煤气发生器与煤气车》一书顺利出版,受到了学术界的大力推赞。同年10月,陈学俊将其在国外收集到的资料整理编写成《燃气轮机动力厂》一书(增订后改名为《燃气轮机》),并于1949年初出版。这本书是陈学俊多年收集的成果,是当时国内第一本关于燃气轮机的著作,并且即使放眼国际,也难找见关于这方面的著作,一时间在国内外都引起了巨大的反响,令他名噪一时。

在中央工业实验所的工作如火如荼地展开的同时,陈学俊也开始和交通大学结缘。由于陈学俊在热能工程方面的突出成就,又加上当时国家对这方面人才的需要,1947年10月,陈学俊被正式聘为交通大学机械系兼任教授,担任讲授电机系电力组四年级的蒸汽动力厂课程,开始了他传道授业的第一步。蒸汽动力厂的课程每星期6小时,使用的是美国麻省理工学院的教材,陈学俊还补充了很多其在美国学习时所收集的资料,以便同学们能更深入地了解该课程。当时在交通大学,授课只能用英文,做笔记也只能是英文,这一方面是因为教材的原因,另一方面也是为了和国际接轨,方便同学们吸收到最先进的知识和技术。但是,只有一些留过学的教授或者专门刻苦研究过英文的老师才能做到。当然，对陈学俊来说，在美国的三年留学时光，他学到的不仅是丰富的热能工程方面的知识，还有流畅而地道的美式英语，这些都让他在课堂上一一展现出来，令众人钦佩不已。

除了中央工业实验所的工作和交通大学的任教工作之外，陈学俊还参加了很多关系到社会民生的活动及工作，对当时的社会稳定和经济提高起到了直接的推动作用。1947 年，由于认真调查沪宁一带电厂的生产情况，并注意到燃料的利用率问题，陈学俊被当时的全国经济委员会看中，于该年的 8 月被聘请为全国经济委员会技正，对上海市的公共事业进行调查，并由此拟订全国公共事业调整价格公式，调整了当时全国公共事业分布不均的状况，并改善了部分公共事业散漫无纪和使用浪费的情况，极大地转变了人们对资源的使用方式，节约了国家公共资源。1948 年，由于中央工作实验所所长顾毓琇当时还兼任中国纺织建设总公司总经理，考虑到陈学俊的专业知识和个人素养，顾毓琇特地聘请陈学俊在中国纺织建设总公司机电总工程师室担任专门委员，对上海市各大纺织厂以及印染厂进行深入的调查研究，对纺织厂和印染厂所有的锅炉以及自备的电厂锅炉技术提出了改进意见，并撰写了两篇关于纺织印染工厂锅炉技术方面的文章，在中国纺织建设总公司的《纺织建设月刊》上发表，影响巨大。

在上海的杰出成绩让陈学俊再一次在热能工程方面令学术界赞叹，并因此邀请他参加1948年3月在台湾台北市举行的中国工程师学术年会。参加这次学术年会对陈学俊来说是十分珍贵难得的，因为他在台湾见到了分别多年的二哥陈学仁一家。抗战期间陈学仁曾赴英国实习工作三年，1946年归国后便去了台湾钢铁公司工作，一直没有机会能和陈学俊见面。陈学俊自幼与二哥陈学仁感情深厚，和袁旦庆的婚礼也是由陈学仁作为陈家的主婚人出席的，此行能借机再次与二哥见面，对陈学俊来讲自然是比什么都高兴的事。经历过抗战那么艰苦漫长的岁月，这一次能见到亲兄弟，看到对方都还平安健康地活着，兄弟二人激动得热泪纵横，感慨万千。中国工程师学术年会在台湾的会期大约是10天，陈学俊除了与亲兄团聚之外，还随行参观了台南、台中以及日月潭，亲身感受到了祖国宝岛台湾的秀美，令他流连忘返。

就在陈学俊工作顺利的时候，时局又开始动荡不安起来。1948年11月到1949年初，淮海战役正殷，国民党反动派已是强弩之末，却还在作困兽之争。众人纷纷猜测战争的未来走向，猜测着共产党到来之后会采取什么样的举措。当时上海地区物价飞涨，金圆券大大贬值，每月一发工资，大家便跑去市场兑换银元，场面十分混乱，每个人都是惶惶不可终日，不知道明天到底会怎样。由于乌衣镇靠着津浦线，并且离南京非常近，历来都是兵家必争之地，考虑到这种情况，又思及父母亲年迈体衰，已经无法再经历战事的波折，二哥陈学仁在台湾有比较安定的工作，陈学俊便决定让父母亲带着五弟陈学仪前往台湾陈学仁处躲避战乱。陈学仁还提出让袁旦庆带着两个孩子也一同到台湾，以免遭受战争的危险，并且让陈学俊随后也前往台湾，等时局稳定下来之后再回到上海。这样的建议让陈学俊十分为难，是去台湾还是留在上海？陈学俊面临着他人生道路上的一次重要选择。陈学俊还没来得及考虑清楚，在父母的强烈要求之下，袁旦庆和两个儿子士林、士森便先前往了台湾。在这个时期，陈学俊冷静下来仔细考虑，结合自己在重庆时期对共产党的印象，并详细地研究了《新华日报》，觉得共产党是顺应民众需求、为人民考虑的政党，是和当时国民党所宣传的“共匪”截然相反的政党，于是便坚定了跟着共产党走的想法。与袁旦庆仔细商量之后，两人便觉得先由袁旦庆带着两个儿子由台北市乘船回上海，而行李则可以托亲人帮着空运回来，两人和儿子一同留在上海，迎接共产党的到来。当时陈学俊已经在上海市中心国际饭店后面名叫牯岭路的街上买了一处房子，那里是当时上海市最为繁华的地方，上海市历次战争也从未打到过那一带，相对来讲比较安全。1949年2月，从轮船码头接回袁旦庆和儿子之后，一家四口就居住在这间房子里，等待着共产党的到来，迎接上海的解放。

第六章　执教交大　积极入党

1949年5月12日，解放军发动以消灭汤恩伯主力、解放大上海为目的的“上海战役”。5月27日，苏州河以北最后一股蒋军被消灭，上海战役宣告胜利结束。解放上海的战斗结束后，为了不惊扰居民，成千上万的解放军指战员整齐地睡在马路上。对此，美国《生活》杂志称“这个行动宣告了国民党时代的结束”，而陈学俊也亲眼看到了这一切。人民解放军的纪律严明，对老百姓的秋毫无犯以及干部的勤俭朴素、认真负责，让陈学俊深受感动。

上海解放不久，在共产党的领导下，社会秩序很快得到安定，物价也迅速稳定下来，很多想趁乱作恶的坏人都得到了惩罚，马路娼妓等社会阴暗面都得到了治理，社会面貌焕然一新，令陈学俊不禁感慨“真是上海历史上的奇迹”，并对共产党衷心地敬佩起来。

1949年10月1日，毛泽东主席在北京天安门正式宣告：“中华人民共和国成立了！”中国人民期盼已久的独立自主终于到来了，中国人民真正站起来了，祖国的建设就要开始了！这个划时代的历史事件，标志着西方列强和封建地主买办阶级统治时代的彻底终结，标志着一个空前民族团结和睦共创伟业的伟大时代的到来。每一个外来人似乎都能看出，在中国人民喜气洋洋的脸上，流露出的是一个意气风发的新中国。这是中国百多年来第一次把一盘散沙似的民族重又凝聚起来；一种不屈不挠、自强不息、不甘落后于他人的民族精神从此被唤醒；一百多年来，久违的民族激情在新中国终于被熊熊点燃。

国家的建设需要大批高层次的人才，而发展工业、工业兴国，更需要大批专门的人才。到哪里去寻找这些人才呢？陈学俊认为，发展经济，教育为本，引进国外的人才虽然是个快捷的办法，但终究不能解决根本问题。只有发展中国的教育事业，培养出大批的本国人才，才是建设祖国的根本举措。考虑到这一点，陈学俊便积极投身到高等学校的任教工作中，这样一方面能解决国家发展的燃眉之急，另一方面又能把自己的知识传授给更多的人，以便投身到中国建设的大潮之中，何乐而不为呢？

1950年春夏之交，交通大学、武汉大学以及燕京大学三校都表示热烈欢迎陈学俊前往任教。武汉大学在寄送聘任书的时候把前往武汉的旅费也一并寄过来了，由此可见其诚心。燕京大学机械系（后并入清华大学）艾伟超主任亲自前往上海邀请，足见其求才若渴的决心。经过一番思量，陈学俊最终选择了交通大学，这样做一方面是为了实现自己在1935年考大学时萌发的“将来总有一天要回到这所知名的大学来”的愿望，另一方面是因为之前曾经在交通大学兼任过教授，对其非常熟悉。

1950年，陈学俊开始了他在交通大学的专职任教生涯。作为交通大学的专任教授，陈学俊认为，一定的外语水平是大学生的必备素质，但是这是外语课的内容，是外语教学的范围，而并非热能工程的必修课。在这样一所著名的大学讲堂上用外国教材授课，用外文讲课，都是不太合适的。新中国成立了，他认为想要培养中国自己的人才，特别是工程方面的人才，就必须在中国的大学中使用中文的教材，用中文进行讲授，毕竟这些知识将来都是需要拿到实践中去的，如果全是外文的话，十分不利于热能工程知识的普及和热能工程领域的发展的。于是，陈学俊积极准备热工程方面的中文教材的编写，除了1949年的《燃气轮机》和1950年的《蒸汽动

20 世纪 50 年代，陈学俊与妻子在上海

力厂》之外，1953 年和 1954 年还相继出版了《实用汽轮机学》和《锅炉学》上、中、下三册，并不断进行增订，之后还出版了《锅炉整体》以及《锅内过程》等作为补充。这些著作不仅是热能工程方面的研究成果，更是高校进行热能工程授课所必备的教材。这一授课方针在当时也得到了交通大学上级领导的支持，并很快付诸实践。在交通大学的授课过程中，陈学俊始终认真负责，其渊博的知识和良好的修养得到了广大交大同学的尊敬和爱戴。1951 级机械系同学毕业时，对他们的好老师恋恋不舍，并合赠了一条写着“光荣归于人民教师”的横幅给陈学俊，令陈学俊感动不已，觉得自己选择的这条教育兴国、工程兴国之路是正确的，也从此更加干劲十足。

1952 年底，由于陈学俊在交通大学的突出表现，交通大学决定让其担任热工锅炉涡轮机教研室主任，这对陈学俊来说无疑是莫大的鼓励，是对其长期以来踏实工作的肯定和鼓励。陈学俊深感肩上的担子之重，丝毫不敢松懈，在认真完成教学任务的同时，也不忘继续在热工锅炉方面的研究。1955 年秋，教研室来了一位苏联专家卫加耶夫，和陈学俊等人共同指导教研室的教学研究工作。按照当时高等教育部以及交通大学的规定，大家必须重视中苏人民之间的友谊，全面学习苏联的经验。

陈学俊积极响应共产党的号召，认真学习苏联的经验，与专家夫妇也建立了深厚的友谊。然而在了解了苏联的教学体制以及苏联专家的教学计划之后，陈学俊也有了一些自己的看法。陈学俊认为苏联高等学校的专业分工非常细，培养的大学生和研究生对中国建设初期起到了很大的作用，但是随着中国经济形势的发展，这种过细的分工却带来了不小的阻碍，如果完全照搬苏联的经验，并不是一件对学生、对国家有利的事情。只有加强学生的基础知识，适当放宽专业面，这样才能适应经济建设的发展需要。考虑到这一点，同时也为了能够贯彻德智体美劳全面发展的教育方针，陈学俊在教研室锅炉专业课程的设置方面慎重地考虑了又考虑，最终的结果是锅炉专业的主要课程都按照原来的教学计划开展，苏联专家主要只开设一门“锅炉制造工艺课”，并按照苏联锅炉制造专业的要求来指导毕业设计。事实证明，陈学俊的做法是对的。1956 年交通大学第一届四年制的锅炉专业毕业生的水平已经达到了苏联五年制锅炉专业的水平，缩短了学生的学习年限，为其能够更快地投身到祖国建设的大潮起了重要的推动作用。按照这个指导思想，1955 年 9 月开始，热工锅炉涡轮机教研室开始招收两年制的研究生，其中苏联专家指导 1 人，陈学俊指导 3 人（林宗虎、张兴华和宓提昌），其他三位教师指导 4

人。1956 年开始全校又招收四年制的研究生 3 人，陈学俊负责指导其中一名叫陈听宽的学生。这些学生在热工锅炉涡轮机教研室得到了非常好的教育，毕业之后积极投身祖国的建设，为国家做出了贡献。

1955 年，考虑到锅炉专业在祖国建设中的重要性，哈尔滨工业大学也设立了锅炉专业，并请苏联专家马克西莫夫到该校讲课并指导毕业设计。作为国内首屈一指的锅炉研究者，陈学俊应邀去哈尔滨工业大学了解情况，并为该校锅炉专业本科四年级以及研究生的学生教授了为期 5 周的蒸汽动力厂课程，令大家大受启发。当时听过陈学俊讲课的学生中，现在有好几位都已经是中国科学院或者中国工程院的院士，比如徐旭常、秦裕琨、庄逢辰等，他们为国家的建设做出了巨大的贡献。现在想起来，陈学俊还是会欣慰不已，教书育人，最乐意看到的莫过于这种情况了吧。

初到交通大学的两年多时间，陈学俊的思想也发生了很大的改变。由于平时每周要进行一次政治学习，并且陈学俊自发主动学习了大众哲学、社会发展史和辩证唯物主义方面的书，对用阶级分析和辩证唯物主义的观点看问题有了初步的认识。再加上当时抗美援朝战争的胜利，对陈学俊的影响巨大。陈学俊回忆起许多问题，比如旧社会半封建半殖民地的中国是如何沦为帝国主义列强瓜分对象的；抗战期间有多少中国人民遭受到日本帝国主义的残酷屠杀，家破人亡的；抗日战争胜利之后国民党政府是如何挑起内战，使人民再次蒙受战争的阴霾，处于水深火热之中的，等等。而对比现在，刚成立的新中国同仇敌忾，齐心协力，打击外国侵略者，取得抗美援朝战争的伟大胜利，这是何等的大事？这是何等的激动人心？这些亲身的经历使得陈学俊深刻认识到，中国人民再也不会任人凌辱受人压迫了，“东亚病夫”的称号可以永远地从中国人头顶摘走了，社会主义的伟大祖国像巨人一般屹立在世界的东方，真正地站起来了！这样的认识让陈学俊有生以来第一次感到作为一个独立的大国人民的自豪感，也更加坚定了他为祖国建设奋斗终生的理想和信念。

1952 年 8 月，交通大学在校党委的领导下进行了一次比较彻底的思想改造运动，这次运动使得陈学俊在思想上有了从未有过的剧烈斗争。在广大的共产党员和相关的同事们的帮助下，陈学俊认识到了自己在思想上的不足，虽然一直有着爱国的热忱，但是由于自己出身于旧社会商人家庭，长期受到资本主义教育，受资本主义的思想影响很深，所以在考虑问题的时候，很多情况下不能彻底地从工农群众的角度出发，不能真正了解人民的疾苦。在这次运动中，陈学俊做了深刻的自我批判，认为自己在思想上还存在着一些名利色彩，在学术上也有着一些崇美倾向，并做了深刻的检讨。这次的思想改造运动对陈学俊的教育和帮助很大，并为其以后继续改造世界观打下了坚实的基础。同年的 9 月，全国高校进行了院系调整，在交通大学就实施了将交通大学有关机械动力方面的科系并过来的调整方针。作为交通大学锅炉专业的创建人，看到自己当年在交通大学亲手创建的国内最早的锅炉专业一步一步得到如此大的发展，亲眼见到祖国工业不仅抹平了战时所受到的创伤，还得到了迅速的发展，这对陈学俊来讲无疑是莫大的鼓舞。特别是中国开始有了国产的锅炉，国内大学能够独立地培养锅炉专业方面的人才，对于一个长期从事锅炉事业的人来说，无疑是多年的夙愿终成现实的巨大喜悦，从而也让陈学俊对共产党刮目相看，并再一次坚定了他跟着党走的信念。

1952 年 10 月，受到交通大学党委办公室万钧主任的启发，陈学俊开始萌发了加入民主党派组织九三学社的念头，并于 1952 年正式加入九三学社，接受了万钧主任在政治上的关怀。由于交通大学的信任，陈学俊在这一时期不仅担任了交通大学热工锅炉涡轮机教研室主任，同时还担任了交通大学基层工会业务委员会的相关工作，使得陈学俊在实践中得到锻炼，贴近基层，贴近人民。陈学俊深感这是共产党对自己的信任，时刻不忘报答这份恩情，工作愈加努力，并积极贯彻执行共产党的相关方针政策，在自己的思想深处也一直在为争取成为一名党的好助手和宣传员而努力。在工作和实践的过程中，陈学俊感到自己是拥有六亿人口的社会主义伟大祖国中的一员，在党的领导下，到处是温暖，到处是鲜花，没有什么比这个时候更幸福了。新中国成立以后，虽然自己的父母亲还有诸多亲人都不在身边，只有自己和妻子孩子这样的小家庭留在了上海，但是陈学俊并没有感到孤独。

在交通大学任教的时期，由于陈学俊学术上的卓越成就以及思想上的巨大转变，党和国家也给予了陈学俊充分的信任。1951 年 7 月，陈学俊被推荐作为科技界的代表，出席在上海市举行的第三次各界人民抗美援朝代表大会，和大家共同分享抗美援朝胜利的喜悦，坚定抗美援朝的决心。1951 年 9 月 15 日到 17 日，陈学俊还作为上海机械工程学会代表出席了在北京召开的中国机械工程学会成立大会，并当选为第一届理事会理事。当时中国机械工程学会在全国的理事共有 25 名，而陈学俊是其中最年轻的一位。1953 年到 1956 年期间，除了担任上海交通大学工会基层委员会业务委员会主任，主持讨论师资培养规划以及实验室建设会议外，陈学俊还曾担任过九三学社交通大学支社的学习委员，1955 年起担任副主任委员。1953 年秋，由于各方面的发展，热工、锅炉以及涡轮机三个教研室被划分开来，陈学俊除了担任锅炉教研室主任之外，还兼任了动力机械系的副主任，这是对他学术上的巨大肯定，也给了他莫大的鼓励。1954 年至 1957 年间，陈学俊还被选为上海市科学专门学会联合会（简称上海科联）的第一届委员会委员，使得陈学俊成为当时科学界人人仰慕的人物。1954 年，为了表示对陈学俊的关怀，动力机械系党总支将《中国共产党党章》以及《把一切献给党》这本书送给了陈学俊，陈学俊也由此开始阅读一些有关中国共产党和入党要求方面的书籍，例如刘少奇的《论共产党员的修养》等，深刻认识到中国共产党是工人阶级的先进的有组织的部队，是工人阶级组织的最高形式，共产主义事业是伟大的，也是艰巨的，共产主义事业是需要知识分子与之共同努力的。在了解了这些之后，陈学俊之前还抱有的种种顾虑都消除了，同时也深刻认识到自己身上还存在着很多的缺点和不足，离共产党员的标准还很远，还应该不断地加强学习，做好岗位本职工作。为此，陈学俊便开始以党外布尔什维克作为自己政治上的奋斗目标。

1955 年到 1956 年，在系统地参加了平时的政治学习、较多地参加了工会工作以及其他一些工作、广泛地受到党的教育和群众的集体帮助之后，陈学俊的思想觉悟又有了新的提高，他已经不再满足于做一名党外的布尔什维克了。由于平时的工作关系，陈学俊开始有机会同一些工农群众出身的共产党员接触，也开始切身地了解到他们的生活作风和精神面貌。看到这些党员同志们忠诚地为人民工作，生活俭朴，作风正派，这对陈学俊的触动非常大。在这两年期间，党组织通过教研室的党员徐士民同志多次对陈学俊进行启发，鼓励其入党，并组织陈学俊参加党课的培训，学习周恩来总理关于知识分子问题的相关报告。陈学俊认识到，自己存在这样或者那样的各种顾虑，实际上还是从个人主义出发，对入党的重要性认识不深刻，对无条件服从于集体利益的决心不强烈，至于工作忙不忙、出身好不好，这些都是在为自己找借口。经过这样的思想斗争，陈学俊终于认识到了入党的重要性，并于 1956 年 3 月 12 日郑重地向党组织提交了入党申请书。

1953 年 4 月 18 日陈学俊全家在校园草坪上，庆祝结婚十周年纪念

1956 年，陈学俊一家在上海曹河泾公园划船

第七章　随迁西安　无怨无悔

就在陈学俊在交通大学的任教工作越来越驾轻就熟时，传来了国务院决定交通大学西迁的通知。

交大内迁西安，是在1955年4月由中央正式决定的。经过4月下旬召开的全国高等工业学校、综合大学校院长座谈会和5月份召开的全国文化教育工作会议讨论，7月份高等教育部正式下发文件通知学校称：经我部研究并经国务院批准，决定你校自1956年开始内迁西安，并提前于1955年开始进行基本建设工程。当时为什么决定交大内迁，周恩来总理在解决交大迁校问题的会议上明确指出："在1956年以前不能不照顾到两点：国际形势及对旧的弱点的注意，那是方针。工业布局是放在内地，沿海紧缩，工业内迁，交大内迁就是根据西北工业基地建设的要求，和离开国防前线的条件下提出来的。"

对于中央的决定和有关精神，交大党委领导同志都及时传达，并积极组织实施。1955年5月召开校务委员会第七次扩大会议，一致通过了“交通大学校务委员会关于迁校问题的决议”。11月下旬，再经校务委员会讨论，通过了“交通大学迁校方案”，并向全校公布。对迁校的任务、工作进程、宣传、人事、总务、招生等各项工作做出具体安排，确定了1956年和1957年分批西迁的教师、职工和学生。整个迁校工作进入了积极准备和具体实施阶段。

迁校工作的实施，在1956年暑假以前的阶段进行得相当顺利。西安方面从新校址的选定到紧张的基本建设，从教学设备的安排、生活设施的完善到物资供应的调配，从接待、安排陆续抵达的师生到提供必要的生活、工作和学习条件，都经过紧张而繁忙的工作得以完成。上海方面从思想动员的深入到组织工作的落实，从人员的调配迁移到大量物资设备的搬迁，从不能中断的教学、科研到经常性工作和生活的安排，也都在全校通力协作下有序而顺利地进行。到1956年暑假，西安新校址已完成10万平方米的基建，可以满足一、二年级的教学和生活之用。到西安报到的学生共有3906人，西迁的教职工815人（其中教师243人），家属1200人。9月10日在西安首次举行隆重的开学典礼，一、二年级学生在新校址正式上课。

迁校前一阶段的顺利实施，并不表明在认识上完全一致。随着 1956 年冬到 1957 年春全国形势的变化，中央提出正确处理人民内部矛盾的方针和做出党内整风的决定。围绕迁校问题在校内形成了“鸣放”热潮和不同观点的争论。由于当时校系的大多机构和专业教研室都还在上海，学校党委和校务委员会多数成员也在上海，是否继续搬迁是仍在上海的师生员工最关心的现实问题，对迁校问题的讨论在上海校园内特别热烈。陈学俊当时就参加了从基层到全校工会会员代表大会以至多次校务委员会的讨论、“争鸣”。在文治堂礼堂召开的工会会员代表大会，历时七八天，代表们各抒己见，畅所欲言，充分、自由地反映各种意见。有的慷慨陈词，坦言利弊得失；有的措词尖锐，提出责难批评。在这次大讨论中，多数代表不赞成迁校；也有几位代表认为迁校决定是正确的，应按原定计划继续西迁；也有代表提出事已至此，如果不迁，何以向西北人民交代？在接着召开的校务委员会扩大会上，经过多次讨论，形成了多数“认为以不迁为宜”的结论。

学校将情况汇报到国务院，周总理认为：对决定交大迁校的总原则不能变，从国家全局来看，著名大学交通大学西迁是支援西北人才建设和经济建设，对陕西有利，对西北有利，对国家有利，对交大本身发展有利。在上海的老校友，上海市委及一些著名人士也均认为办教育应从全国着眼，西北是国家建设的重点，这个方针十分正确，交大应起带头作用、骨干作用和根苗作用，担负起开辟西北的责任。在西北可以创造交通大学的历史，交通大学的历史不是地方的问题，历史并没有割断。只要学校好，教学质量好，全国各地的学生都会“不远万里而来”。

当时陈学俊坚决拥护交大全部迁往西安，并在全体工会会员代表大会上发言，说明迁校利大于弊，阐述迁校的重要意义和正确性。并和动力机械系主要负责人总支书记李敬轩、系主任朱麟五表示坚决听党的话，与校党委保持一致，主张动力机械系全迁西安。校党委书记彭康校长亲自召集这 3 个人汇报情况，并指示他们动员赞成迁校的教师站出来说话。不久以后，周总理根据交大迁校讨论的实际情况，认为交大全迁西安原则不能变，但个别教师实在不愿意去西北的话，他们可以去西安支援两三年教学再回上海。根据周总理的指示，交大校委会再一次进行认真讨论，在校委会上，陈学俊积极响应总理的号召赞成交大全迁方案，并代表交大九三学社组织表态拥护交大西迁。国内知名老教授如周惠久、朱麟五、陈大燮、钟兆琳等也均拥护迁校，因公出差在外地的沈尚贤、蒋大宗等 10 多位教授、副教授也联名发来电报赞成交大全迁西安。交大的迁校问题当时在全国也引起了高度的重视，在迁校进行到一半的时候，由于某些原因，有些留在上海的人不愿意迁过去，同时也主张已经迁到西安的部分师生和相关工厂企业迁回上海。这个方案遭到了很大的质疑。如果交大在西安的师生再迁回上海，那势必会影响到已经迁到西北的大学、科研单位以及相关工厂企业的去留，由此可见，交通大学迁校问题的正确处理和实施，不仅是交通大学一所学校的问题，而且还直接关系到院系的调整和沿海支援内地的方针，其影响是十分深远的。考虑到这些问题，校委会经过紧张而激烈的抉择，最终通过了交大主体迁至西安，部分专业师生留在上海，一校分设两地，校长彭康随迁西安领导全校工作这样的决定。这一决定圆满地解决了交大西迁的各种问题，得到了国家领导人的高度赞赏。由此，陈学俊夫妇带着孩子来到了西安，开始了他们在西安执教科研的生涯。

在校务委员会通过交大主体迁西安这一方案的第二天，陈学俊和高等教育部部长杨秀峰、校长彭康、动力系主任朱麟五、电机系主任钟兆琳、动力系副主任张景贤一行乘专机飞往西安。此专机是小型飞机，只有约20个座位，中途在武汉东湖住了一晚，第二天飞越秦岭到达古城西安。到西安后，杨部长给一、二年级同学讲话，各系主任也分别与学生见面并讲话。在交大迁校讨论期间，教育部杨秀峰部长奔走上海、西安两地，颇为辛苦，刘皑风副部长也长驻西安，这说明国务院对交大迁校是多么重视。

交大迁校问题也引起了全国各方面的高度关注，如果交大在西安的师生再迁回上海，势必影响已迁到西北的大学、科研单位及工厂企业的去留。不少西迁单位都向交大看齐，表示要以交大为榜样。可见交通大学迁校问题的正确处理和实施，不仅是交通大学一所学校的问题，而且直接关系到沿海支援内地政策的落实，其影响是很大的，意义也是很深远的。

此后，问题就提到高教部和国务院讨论、决定。周恩来总理亲自主持处理交大的迁校问题，他在国事繁忙、日理万机的情况下，以很大精力对交大校内外各方面做了大量细致的工作，发表了许多精辟的意见和正确的指示。

从 1957 年 6 月上旬开始，在上海、西安校内分别传达、讨论周总理的讲话，举行了几十次的各种座谈和会议，进行了大量紧张繁忙的工作。上海方面，在党内经过充分讨论取得一致意见后，各级组织和广大党员通过各种渠道作解释和说服工作，积极配合高教部、上海市委在校内外做了一系列卓有成效的工作。当时在上海炎夏的 6 月，几乎每晚在彭康校长的康平路寓所都有党委和总支负责人的碰头会，汇报交流情况和讨论决定问题，经常与西安方面通话联系，掌握各种动态。在大量深入细致工作的基础上，到6月下旬，形成了交大分设西安、上海两地，两部分为一个系统，统一领导，专业设置统筹安排的方案。学校正式上报了迁校方案和实施办法，经高教部报国务院批准。此后，即按国务院批准的方案，继续完成迁校和并校的各项工作，时间从1957年暑期延续到1958年暑期。

广大教师、干部、职工，都能以大局为重，克服各种困难，自觉地随校西迁。从校级领导到一批中层领导干部，发扬革命传统，做到一声令下“打起背包就出发”，以自身行动作表率。教师中一批知名教授、老教师和大批中青年教学骨干，毅然离开长期生活和工作的上海，奔赴西北，重新安家立业，在当时的确是难能可贵的。这体现了广大知识分子对党和政府的信赖，对国家方针的拥护。这是顺利完成交大迁校的中坚力量和群众基础。

在短期内完成像交大这样一所著名老校的搬迁，确实是一项艰巨的工程。在当时的条件下，依靠国家高效能和强有力的领导和支持，依靠有关地方、部门和单位的配合协作，依靠发动和组织校内各方面力量，群策群力，保证了繁重的搬迁工作紧张而顺利地进行。这从一个侧面体现了社会主义制度的巨大优越性。万余人分两批迁往西安，加之机器、仪器、家具、行李等物资共装运近千车厢，集中装运期间每天约有 100 ～ 200 吨物资由上海起运到达西安；1956 年和 1957 年，调往西安的教职工中，要解决调动配偶、家属安家和工作的有近 300 人。他们分布在各个省市，经国家部门发出通知，由学校人事部门和有关系室派出专人，长途跋涉，辛勤工作，得到支持，陆续调往西安，并安排好生活和工作。显然，如果没有国家提供的条件和各方的支持协作，要在短期内顺利完成迁校的繁重任务，是难以想象的。

学校也将迁校工作组织得井然有序，特别是总务部门的有关供应和服务，都做得很周到，搬家时所用的木箱、纸盒，以至捆扎器物的废纸、绳索等，都按需要及时送到。并有工务班工人同志到户打包，一直搬运至车站。减少了迁校人员搬家的许多麻烦和辛劳。按当时的情况，西安的生活条件与上海相比有相当差距，但在当地政府的大力支持和学校的努力下，西迁人员的日常生活很快安顿下来。例如，吃的大米，对南方的教职工按特需供给，烧的煤球有上海搬去的煤球厂保证供应，蔬菜也有学校从外地运来的做补充。还建起条件相当不错的幼儿园和子弟小学，供孩子进园入学。校园建设已初具规模，基本符合西迁人员的教学和住宿的需要。

在西安的主食是杂粮，一户每月最多会发上30斤的大米，这还是为了特地照顾从上海远迁过来的人才有的待遇。蔬菜水果非常之贵，而鱼虾海鲜在当时更是连见都见不着。交通大学当时的选址是在西安东南郊，学校附近连中学都没有，陈学俊的大孩子当时正值上初中的年纪，不得不到城内建国路的一所中学去念书。看着孩子每天早上都要乘老乡的送粪大车进城，晚上放学也还得坐老乡的送粪大车回来，很晚才能到家，陈学俊夫妇便觉得非常不放心。如果稍微有空，夫妻俩便会去送送孩子，有时候是早晨去送他，有时候是傍晚在东门口接他，然而这样的次数也是少得可怜。交通大学刚迁到西安时，校园的基础设施建设还不完善，校园里到处都是果树、菜地和荒草，甚至还有打靶场和豆腐房。学生们在才盖起的几栋教学楼里上课，条件十分艰苦。当时的教学区内及北门、东门外，不少地方雨雪天气一片泥泞，生活区内更是如此，带来行动的不便。室内大多尚未安装取暖设施，冬季进入教室、会议室等，均要全副冬装。特别是在风雪交加时，在临时搭建的草棚大礼堂开会、做报告，真得经受严寒的考验。尽管如此，在西安的交大师生员工仍然饱含着满腔热忱，积极投身到校园的建设和发展中。

1957年秋天的一个早晨，陈学俊站在学校的东门，远望秦岭逶迤延绵，不由得感慨万分，写下了一首《迁校有感》，表达自己对交大西迁的感慨。诗中这样写道："秦岭一片白云飘，关中平原真富饶。周秦汉唐是古都，工业重镇在今朝。交大西迁任务重，西安建校热情高。文教适应工农业，经济建设进高潮。"慷慨激昂的诗句，既是陈学俊自己内心情感的流露，也从一个侧面反映了当时交大西迁的整体风貌，现在读之还能感觉到一股冲天的豪气，令人赞叹不已。

1957 年 9 月初，陈学俊和袁旦庆带着四个孩子以及全部的家具及行李，乘坐第一批载着交大基础技术课与专业课教师的专列由上海来到了西安。当时陈学俊和袁旦庆在交通大学已经有了相当高的职称，袁旦庆还担任了学校电工学教研室的副主任一职，生活比较优越。临行前两人将解放前在上海购买的两间房子交给了上海市房管部门，其他的手续也按照规章一一办好，毫无牵挂地来到了西北，投身西北建设，为祖国做贡献。

自从 1957 年交通大学动力机械系全体师生来到西安之后，陈学俊的工作便日益繁重。他除了担任系副主任兼教研室主任之外，从 1959 年起，由于朱麟五主任在电厂摔伤不得不返回上海养病，陈学俊也由此开始代理动力机械系的系主任，并在第二年被正式任命为动力机械系的系主任。在交通大学刚迁到西安的头三年，陈学俊除了尽力做好上级分派的行政工作之外，也从来没有忘记过自己的科学研究工作，并继续培养研究生。

1958年5月，陈学俊出席了全国科学技术协会第一次全国代表大会，会议期间受到了敬爱的周总理的接见，听取总理和其他中央领导同志的报告，并和总理一起同与会的其他人员在中南海合影留念。这次接见令陈学俊终生难忘，周总理的话给了他莫大的鼓舞，让他感到无比的幸福。会议结束之后，陈学俊满怀激情地回到了西安，更加积极地投入到科研工作中，争取不辜负党和国家的重托，决定用更出色的成绩来向国家汇报。陈学俊的努力得到了众人的好评，也获得了社会的认可，1959年陕西省召开科学技术协会代表大会，陈学俊光荣地当选为第一届委员。1960年在系党总支的领导下，陈学俊还被派到工厂参加技术革命和技术革新，把教学过程和毕业设计融合在生产中进行，对当时动力机械系的教学工作具有很大的指导意义。由于陈学俊的出色表现，1959年，陈学俊被评为校先进工作者，1960年又被动力系评为“五一”红旗手，这不能不说是对其工作的高度肯定。特别值得一提的是，陈学俊的爱人袁旦庆也在这一时期获得了非常大的荣誉，在1957年和1959年先后两次被评为校先进工作者，1960年还被评为系“三八”红旗手，令众人刮目相看，敬佩不已。

随校西迁的陈学俊夫妇在教学楼前

1964 年陈学俊及研究生在西安交通大学图书馆前合影

第八章　辛勤工作　硕果累累

1958年到1960年，是陈学俊终生难忘的最幸福的三年，因为在这三年中，陈学俊三进中南海，四见毛主席，同国家领导人做了最为直接的接触，这无上的光荣，是对他多年以来辛勤工作的最大肯定，从而也更加坚定了陈学俊为祖国的现代化事业奋斗终生的信念。

1959年，作为陕西省劳动模范和先进工作者赴京观礼代表团的成员之一，陈学俊参加了伟大祖国建国十周年的国庆大典。陈学俊清楚地记得，9月28日那一天，在新建成的庄严的人民大会堂里，隆重举行了庆祝建国十周年纪念大会。来自世界80多个国家的代表在大会上发表了热情洋溢的贺词，祖国被爱好和平的朋友热情歌颂着。看到这一切，作为伟大的中华人民共和国的人民，陈学俊由衷地感到自豪和骄傲。陈学俊看着主席台第一排中央坐着的毛泽东主席，心中感到无比的幸福，高兴得热泪盈眶，同时也深深体会到没有共产党的领导，就没有今天这样光辉灿烂的新中国。10月1日，红旗似海，欢声震天，陈学俊在天安门的观礼台上，又一次看到党和国家领导人在天安门城楼上和全国人民一起欢度这一盛大的节日，当时情景，他终生难忘。第二天在人民大会堂举行的联欢晚会上，陈学俊的座位在三楼，二楼前排中央的座位上就坐着敬爱的毛主席和其他国家共产党的领导人，陈学俊激动地看着他们，几乎忘记了台上还有精彩的演出。10月3日上午，陈学俊参加了中国科学院举行的茶话会，下午又在工人体育场观看了第一届全国运动会开幕式以及体育表演，晚上再一次

1959年作为国庆十周年观礼代表在天安门广场上

来到人民大会堂，欣赏音乐、舞蹈、京剧晚会的精彩演出，真是美不胜收，令人不由得感慨祖国文化的博大精深，让人深深沉浸在艺术的气息之中。

1958年至1962年这段时间，陈学俊担任九三学社西安交大支社主委，并作为代表出席了1960年8月下旬在北京举行的九三学社中央委员会扩大会议。在这次会议上，陈学俊做了《接受党的领导是做好支社工作的根本保证》的发言，获得了众人的热烈掌声。会议期间，陈学俊与各民主党派中央委员会扩大会议的全体代表受到党和国家领导人毛主席、朱委员长、周总理等集体接见并在中南海草坪上合影留念，这让陈学俊感到无

1960年，与各民主党派代表受到毛主席等第一代党中央领导人集体接见并合影留念

比的幸福和激动。

1956 年起，为了学习革命理论，联系思想实际和工作实际，陈学俊开始阅读毛主席著作。通过学习，陈学俊增加了对党、对毛主席的热爱和崇敬的感情，也使他了解了不少解放以前他所不能理解或者不知道的重大事情，初步认识到用阶级分析来观察事物的重要意义。1959 年起，陈学俊的思想学习变得主动起来，并逐步开始学用结合。在 1959 年至 1961 年的三年时间内，陈学俊每年都会写一篇学习心得，如 1959 年撰写的《对必须学习马克思列宁主义和毛主席著作的重要性的认识》、1960 年的《以毛主席思想为指导，关于专业课的讲课方法》、1961 年的《学习毛主席著作的点滴收获》，思想一次比一次有深度。在这几年，陈学俊还写过一些短文和诗歌，如《建国十周年观礼有感》、《庆祝建国十一周年、迎接毛选四卷出版》等，以表达他对党对祖国的热爱和欢欣鼓舞的心情。

1960 年到 1962 年，由于三年自然灾害，导致农业上的歉收以及工业上的停滞，再加上苏联背信弃义地撤走了全部专家，使得全国人民的生活处于严重的贫困之中。当时国家所发的粮票肉票基本上家家都不够用，能吃饱肚子就算是不容易了。交通大学有一段时期内，教授只能轮流每月发一次荤菜票，靠着这个荤菜票才能到西安城里加餐吃一次荤菜。陈学俊全家也经受了这三年生活上的艰苦考验。值得宽慰的是，原本陈学俊夫妇俩对身外之物就不怎么看重，对物质条件的艰苦更是有积极克服的勇气和决心，这从他们毅然决然地放弃了上海的优越生活而迁到西北便可以看出。再加上迁校西北后陈学俊多次获得国家领导人的接见，备受鼓舞，身体上的艰苦也早就被精神上的鼓舞打倒，所以根本没有什么怨言，而是无怨无悔地继续从事着教育工作，并且比之前还更加努力。在夫妻互相扶持、始终坚信党的领导的过程中，三年艰苦的生活终于过去了，人民的生活有了初步的提高，物质条件也有了很大的改善。

在1959年到1965年期间，陈学俊在教学及科学研究工作方面也取得了不少进展，除了经常性的教学工作以及行政工作以外，1959年陈学俊执笔编写了《十年来的中国科学》中的锅炉部分，由中国科学院主编出版。与此同时，60年代初，陈学俊还首先在国内倡导发展超临界压力机组，主持进行60万千瓦超临界压力组初参数选择的研究，并提出报告。1960年还编写出版了《锅炉整体》及《锅内过程》两本著作。除了学术著作之外，陈学俊还积极投入到实验研究当中。1956年陈学俊开始进行了“飞灰磨损与结灰特性的试验研究”，并获得了突出的成就，1959年至1965年期间进行了“预热器版型传热特性研究”、“上升下降管中水动力学研究”、“弯管内两相流动研究”、“汽水分离分层水动力学研究”以及“压力燃烧锅炉燃烧特性研究”等多项试验，均获得了出色的成绩。最难能可贵的是，这些研究工作并不是脱离实际、只依靠书本、完全封闭在实验室进行的，而是结合指导青年教师和研究生的工作进行的，同时也是结合中国锅炉工业的发展情况进行的，具有十分强烈的现实指导意义。1964 年 8 月，由于陈学俊的突出成就，中国机械工程学会动力工程学会成立大会在上海举行时，陈学俊应邀参加，并当选为常务理事兼副秘书长。

除了国内科学界的多项殊荣之外，陈学俊的研究在当时国际上也引起了非常大的反响，有很多研究大大超过了国外的最高水平，再一次向世界证明了中华民族的伟大智慧和中国人民的刻苦钻研精神。1957 年及 1959 年，陈学俊还用俄文写了两篇有关中国锅炉技术及其发展的文章，分别于 1957 年及 1959 年在苏联的《热能动力学》杂志上发表，在当时的苏联热工程界引起了轰动。昔日苏联撤出专家时，连想都没有想过中国的科学界会有这样的水平，所以这两篇文章的发表，不仅为陈学俊带来了很大的国际声誉，也给中国的科学界增添了不少光彩。1959 年，陈学俊与研究生陈立勋进行了下降流动截面含汽率的研究，通过理论分析与试验研究，提出在管内下降流动中的截面含汽率不总是大于容积含汽率，在某一范围内可小于容积含汽率。这一论点的提出在当时国际上是史无前例的，八年后国外才有研究者对此有所证实。20世纪60年代初，为了配合大容量高参数直流锅炉的发展，陈学俊针对不同型式水冷壁管屏中的两相流动静态不稳定性问题进行了理论分析研究，得出的结论与五年后苏联学者发表的研究结果相同，大大领先于世界水平；1964年陈学俊对两相混合物在弯管中的流动特性进行研究，当时学术界普遍认为由于离心力作用，在弯管处，重相（水）总是沿着管子外侧壁流动，而轻相（气）总是沿着管子内侧壁流动，陈学俊通过多次试验及理论分析却得出了不同的结论，他指出当轻相（气）流速很大时，能迫使重相（水）移到管子内侧壁流动这一机理，这种理论在当时国际上也是首例，国外学者在几年后方才提出这个液膜倒置问题。

与此同时，陈学俊还积极指导研究生的工作，有很多优秀的研究生毕业之后留校任教，为发展西北的教育事业做出了杰出贡献。比如1958年第一届锅炉研究生（二年制）毕业后，陈学俊指导的林宗虎便留校任教；1960年第一届四年制研究生毕业，陈学俊指导的陈听宽留校任教；陈学俊指导的四年制研究生陈立勋、孙家庆、朱才广及许方洁分别于1963年、1964年、1965年及1966年毕业，其中陈立勋留校任教。这些陈学俊曾经指导过的学生中，林宗虎现为中国工程院院士，陈听宽被评为国家级有突出贡献的专家，许方洁为教授级高工，任职于国家华能电力开发公司总公司，其余的如陈立勋、孙家庆、朱才广等，也都成为研究生指导教师，在祖国建设的各个岗位上做出了巨大的贡献，令陈学俊欣慰不已。

在此期间，陈学俊还写了两首感言，勉励同学，一首是1960年2月写的，题名为《互勉》，内容是："六十年代好辰光，新学期有新气象，春色充满校园，红旗到处飘扬，学习主席著作，提高思想觉悟，立大志攀登科学高峰，树雄心提高教育质量。"另一首名为《勉励同学》，内容是"身在福中要知福，努力提高莫蹉跎，他日争鸣锅炉坛，看谁为党贡献多"，充分表达了陈学俊对青年学生们的要求，也表现了他为祖国培养人才的决心和努力。

在这一期间，陈学俊还非常注意自己思想和政治上的学习，尤其是对学习毛主席著作非常重视，并推动全系定期交流学习心得。1963年陈学俊在全校工会代表大会上介绍过一篇《以毛主席思想为指导搞好教学工作》的文章，并组织大家共同学习，共同探讨，一起提高思想政治水平；此外，为了祝贺建党40周年，1961年陈学俊还特地撰写了《党的四十寿辰颂》，献给伟大的中国共产党；1963年，为了慰问反击印度侵略的边防部队，陈学俊撰写了《给边防部队的慰问信》，信中热情洋溢地对边防部队表示慰问，言辞诚恳，感情真挚，令很多边防战士感动不已；1965年为了宣传毛泽东思想，陈学俊创作了《大家齐来学毛选》，寄《人民日报》及本校校刊发表，在当时影响很大；除此之外，为了响应党的以农业为基础的号召，陈学俊曾在陕西人民广播电台讲授“动力机械支援农业问题”的专题，为国家的农业发展贡献自己的一份力量；同时，根据毛主席春节座谈会的指示以及以后毛主席对教育工作的一系列指示，陈学俊还在动力系的教学工作中与广大教工、同学一起进行教学改革工作，比如开展对苏联教育制度的分析批判，鼓励支持使用直观教具，进行启发式教学，改革考试方法，精减课程及内容、专业课砍一半，以及毕业设计联系实际，重视生产劳动等等，对动力系的发展和同学们的学业都有很好的推动作用。

1965年，借着放暑假的机会，陈学俊参加了访问革命圣地延安的参观团，亲身感受当年毛主席生活过的地方。在延安的10日，陈学俊受到了深刻的教育。在延安的访问过程中，陈学俊还看到和听到了有关张思德和白求恩同志的崇高事迹，从而再一次认识到自己离“全心全意为人民服务”这一宗旨还相差甚远，仍需要继续努力改造自己的人生观与世界观。访问延安回校后，陈学俊还特地写了一篇《延安之行》，以记述自己的感受，表达对革命圣地延安的敬仰之情。

1964年起，结合自己在延安的亲身体会，陈学俊在学习毛主席著作方面有了一些新的认知，认识到自己是一个来自旧社会的知识分子，自己学习的目的更重要的是改造主观世界，促进思想革命化。因此陈学俊便开始养成了在平时写学习笔记的习惯，有时还会将学习心得加以小结或写成短文。例如，1964年9月在教研室交流会上谈“学习毛主席著作的一些初步收获和体会”，1965年5月在动力系交流会上汇报“努力学习毛主席著作逐步改造世界观”，1965年9月在汉中南郑县华山公社总结了“以毛泽东思想为指导进行四清工作”及1966年3月在九三学社交大支社汇报了“以毛泽东思想为指导加强自我思想改造”等，这些都是陈学俊从自己的学习笔记中整理出来的。1965年8月，为了党的工作需要，陈学俊还撰写了一篇报道稿，通过陕西省军区，由北京中央人民广播电台向海外广播，稿件名称是《一个大学教授的感受》，内容是通过新旧社会对比，向全世界人民说明中华人民共和国在共产党和毛主席的正确领导下，工农业取得了巨大成就，高等教育事业取得了飞速的发展，高等学校里教授的工作条件和生活条件也得到很大的改善，知识分子的地位大大提高，并得到党和国家的重视和关怀。这篇报道在当时海内外引起了很大的反响，大大改变了海外很多不了解中国实情的人民对中国的看法。

1965 年 9 月，西安交大教师和干部包括部分四年级同学，根据当时中共陕西省委的部署，前往汉中地区参加社教（农村“四清”）。动力系教师主要是在汉中南郑县，而锅炉专业的教师和高年级部分同学则是在华山公社华林大队，陈学俊是下去参加社教的第一位教授。教研室支部书记陈听宽负责华林大队，而陈学俊与梁家里同学负责一个生产队。大家与贫下中农同吃、同住、同劳动、同学习，前后时间共达 7 个多月，受到了很大的教育。在生产队里，虽然当时大部分时间工作组只有陈学俊一个人，但是他从未感觉到孤单，因为有村民和他在一起。在深山沟里虽然常常工作到月明星稀的深夜，但陈学俊从未感觉到寂寞，因为他觉得这样是为革命需要而工作。陈学俊深深地体会到毛主席所教导的“知识分子必须走与工农相结合的道路”这一指导思想的重大意义。支部书记陈听宽负责的华林大队在贫困山区，农民生活相当贫苦，那时三餐以苞谷糊糊为主食，一星期能吃到一次豆腐饭就算是不错的了。相比之下，陈学俊的状况好很多。陈学俊在生产队的工作除了初期是了解生产队生产情况和财务情况外，以后主要是帮助农民学习毛主席著作及提高他们的文化水平，例如讲解毛主席著作“老三篇”，进行社会主义教育，提高农民的认识水平，还写了一首歌叫作《大家齐来学毛选》，教大家

1963年在重庆南温泉船上

唱，活跃学习和文化生活等。《大家齐来学毛选》的词是这样的："大家齐来学毛选，活学活用要实践，勤奋学习，提高觉悟，改造思想；大家齐来学毛选，活学活用要实践，努力钻研，前进向前，永远向前进！"歌词非常朴素，朗朗上口，一时为众人所争相传唱。同时，陈学俊也与农民兄弟一道劳动干活，帮助他们解决一些

1963年作为陕西省老教师代表在青岛疗养

力所能及的事情。

这一时期在农村，陈学俊觉得正是向农民学习的好机会，因此虚心学习他们艰苦奋斗的精神和优良朴素的品质，收获很大。在这期间，还发生了一件让陈学俊很难忘的事情：当时陈学俊住在一户姓杨的贫农家里，他们有一个小孩，有一天孩子病重，众人都认为已经没有希望，便用芦席把孩子包好准备送去埋葬，这个情况刚好被陈学俊看见了。陈学俊摸摸孩子，发现还有微弱的气息，便极力制止他们不要把孩子抛弃，并及时找到医务人员，把这个孩子救活了！一时陈学俊被这家人当作救命恩人，在当地也引起了不小的轰动。社教活动结束的时候，由于陈学俊的突出表现，被评为华林大队社教积极分子，这对陈学俊来说也是对其自身工作的一次高度肯定。

第九章 “文革”年代 坚信光明

20世纪60年代中期，中华大地已是极“左”路线全面出击，阶级斗争被运用到了各个领域，几乎一切事情都用“革命大批判”来“开路”，全国一片“山雨欲来风满楼”、“黑云压城城欲摧”之势。国家政治生活的不正常影响到了社会生活的各个方面，科技教育界也不例外，当时的西安交大也未能幸免。学校停课闹革命，先是学生搞大串联到全国各地，教师靠边站，陈学俊也曾为来交大串联的大中学生卖过一段时间的饭票。当时袁旦庆的妹夫王前一家在北京，有一段时间，因为怕西安市发生武斗，陈学俊便带领全家出去，在北京住了大约三周左右时间，一家人还特地去北京大学看大字报。

1967年秋天，西安的“文化大革命”结束了血腥的武斗，开始了各个派别间实行联合的谈判，终于风平浪静。学生，特别是高等院校的学生，经历了一年多的腥风血雨的洗礼，似乎已经觉察出了些什么，开始厌倦学生不像学生、革命者不像革命者的日子，出现了“复课闹革命”的新名词。武斗前被劝导回家的同学在各地度过了一段无聊的日子，终于在互相的告示中，回到了学校。西安交通大学没有什么变化，大字报廊依然，只是很少有新的东西。学生忙着整理书本，联系老师，准备复课。但是，“文化大革命”还在继续，被“文化大革命”批评得体无完肤的教学体制、教学大纲甚至教学方法都面临着巨大的尴尬：老师没有办法教，学生不知道怎么学。还有很多课程的老师没有得到解放，上不了课。所以，这种情况下的复课，实际上只是一种希望。

1968 年起，“四人帮”开始将矛头转向党外知识分子，交通大学从老讲师到老教授几乎无一幸免，都住进了牛棚。中国著名教育家、时任西安交通大学校长、西安交大迁校建校的创业人和领导人彭康同志也被批斗迫害致死。这是中国教育史上触目惊心的一幕。

陈学俊被隔离审查共达一年半之久。当时不准陈学俊回家，衣袖上要戴上“反动学术权威”的袖套，时不时还要被批斗。有一次陈学俊的小女儿以虹托人送来了一包龙井茶叶，结果被发现了，负责看守的人令陈学俊将茶叶放在一块木板上，双手捧着木板在学校东门口示众，时间长达 1 小时之久，捧得他两手酸痛不已。

陈学俊的爱人袁旦庆也被隔离在交大东一楼东边二楼的一间房子里面，有专人看守隔离审查，不准回家。当时给袁旦庆的袖章上写的是“执行修正主义教育路线黑干将”，这对袁旦庆来讲真是百口莫辩的污蔑。好在两人在长期的生活中培养了良好的默契，也一直深信着对方是正直的人，因此不管专案组如何逼来逼去，陈学俊和袁旦庆始终都坚定着自己的信念，都说对方没有问题，让当时的专案组也没有办法。陈学俊知道爱人的清白，唯一担心的就是怕袁旦庆承受不了当时巨大的压力而做出摧残自己令人后悔一辈子的事情。因此只要有机会能碰到，即使是偶尔在饭厅吃饭时的匆匆一瞥，远远地看到对方，虽然不可能打招呼，但是能看到彼此都还健在，也就放心了。

在隔离审查了大约半年之后，陈学俊的三个孩子同时都上山下乡，被送到乡下农村去锻炼了，当时士森刚上高二，以青上初三，最小的以虹才刚上初一。陈学俊十分担心孩子们的情况，曾鼓起勇气提出在他们下乡之前见一面的申请，但没有得到批准，这当中的心酸和痛苦后来陈学俊想起来还是觉得揪心的痛。陈学俊的家也被抄过很多次，他以前在上海住过的地方也有红卫兵专门过去调查，甚至连家中的木地板也被挖开查找，其破坏程度自是可想而知了。

在这样备受迫害的艰难时刻，陈学俊依然襟怀坦荡，无所畏惧。一次次地挂牌、带袖、陪斗、批斗、抄家，一次次地写检查交代，这些在陈学俊眼中都已经是家常便饭了。陈学俊一直本着实事求是的态度，承认自己有着按当时政府规定出国前必须集体加入国民党的一般历史性问题，且早已向组织交代过，承认在执行教育路线过程中可能出现了一些问题，但是其出发点是跟着党、相信党的。陈学俊经常回忆起 1958 年到 1960 年那幸福的三年，那难忘的三年，那三进中南海、四见毛主席和周总理的三年，相信自己的问题一定会得到澄清。在隔离审查了整整一年之后，由于找不到什么大的问题，陈学俊和袁旦庆终于得以批准回家。分隔一年之后的团聚，虽然当时两人身上的若干“帽子”还没有摘掉，孩子们也不在身边，工资也被降到每个月只有五十八元五角，但是看到彼此都还健在，无不感到莫大的欣慰。

时隔不久，大致是在 1970 年的春天，林彪一号通令下达到西安交通大学，学校的全体教职工迁往岐山县祝家庄公社进行劳动改造，陈学俊夫妇两人仍被作为改造的对象和大家一同前往。当时陈学俊夫妇俩住在一位姓石的农民大爷家，白天干农活，晚上睡在一个炕上，和老大爷老大娘话话家常，虽然艰苦，但也清闲自在。

同是下乡劳动，别的教师参加的是农业劳动，而陈学俊夫妇两人接受的是劳动改造，虽然相比之下艰苦许多，但是夫妻二人齐心协力，精神上互相支持，倒也觉得不是那么的难熬。在接受劳动改造期间，袁旦庆还利用自己的专业知识为祝家庄做了一件好事。原来祝家庄的电灯晚上不太亮，村民们也不知道是什么原因，也没有仔细去考究。袁旦庆发现之后，主动将线路进行了调整改造，于是村里的电灯一下子亮了许多，这在当时祝家庄引起了不小的轰动，村民们对陈学俊夫妇两人的态度也改善了很多。在劳动期间，恰逢大儿子士林和媳妇淑珍从延安过来看望陈学俊夫妇，二儿子士森也从宝鸡农村背来了一篓木炭，供二人平日烧火做饭用，两个女儿也分别由下放的农村过来看望。一家人分隔多日之后难得的聚会，陈学俊和袁旦庆激动不已，袁旦庆还特地从集镇上买了一只鸡回来，自己烧饭做菜，一家人围在一起吃饭聊天，十分愉快。

在岐山农村进行了大约三个多月的劳动改造，回到学校不久，又闹了一次革命，陈学俊再一次被关进了锅炉实验室，隔离审查达半年之久。在隔离审查期间，陈学俊参加过校内铸工车间劳动，被开过批斗会，这些对陈学俊来说都是可以忍受的。最令他无法忍受的是不能和家人通话，这一点最为难熬。开批斗会一般是锅炉专业的师生参加，内容还是那些莫须有的罪名。例如与苏联锅炉专家卫加夫的交往，被说成是里通外国；参加汉中地区的社教，被说成是到陕南刺探军情；与一位青年教师一同吃过一次肉丝面，被说成是腐蚀青年等等。实际上，陈学俊与苏联专家的来往信件十余封，都在专案组的手中，信中谈论的都是建设实验室以及指导设计方面的事情，丝毫没有什么里通外国的倾向；参加汉中地区的社教是当时党组织的决定，其目的是让陈学俊接受贫下中农再教育；与青年教师一同吃过一次饭，基于陈学俊比较年长，所以由他来付钱也是理所当然的。陈学俊一方面觉得这些莫须有的罪名莫名其妙，另一方面，即使是在这样困难的时候，也感到了人心的温暖。交通大学原动力系党总支书记刘德成就曾在一次大会上公开说“陈学俊同志没有问题”，原教研室党总支书记陈听宽也曾对专案组说“陈学俊没有什么大问题，不要再搞了”等等。这些事情陈学俊也是事后才得知的，这两人当时也受到了批评，但是在自己最困难的时候还有人能够站出来说公道话，这无形中给了陈学俊很大的鼓励。在这期间，看守陈学俊的一位锅炉专业的学生张学曾，曾经有一两次偷偷地带着陈学俊到中心楼的一个房间里面打乒乓球，并对陈学俊说：“陈先生，不必愁苦，陈毅元帅还戴着高帽子去看揭发他罪行的大字报呢！要想开些。”在这样一个极其困难的时期，在这样一种情况下，这些话由一位看守着陈学俊的学生口中说出来，更让陈学俊得到了巨大的安慰，也更加坚定了他相信群众的信心，相信问题一定会最终得到公正解决的。在这一次隔离审查的半年时间里，虽然在体力和精神上受到了极为不公正的待遇，但是陈学俊心中更加的坦然。他订了一份《人民日报》，每天的必修课便是读报或者学习毛泽东著作，心中始终相信党，相信群众，相信终究会有一天能还自己一身清白。

经过这两次共一年半的隔离审查，1972 年，所谓的“专案组”没能抓到陈学俊的任何大问题，只好再一次放陈学俊回家和袁旦庆团聚。虽然当时事情仍然没有得到真正的解决，没有什么政治结论，只是说“事出有因，查无实据”，但两人这时的工资都已经得到恢复，存款也不再被冻结。但可惜的是抄家时被抄走的金饰等物品只部分作低价以人民币归还，回国时换存的 13 两黄金也不知去向，最为可惜的是 1946 年陈学俊在美国用 200 美金给袁旦庆购买的一个作为纪念物的白金戒指也不翼而飞。两人感慨之余，也万分庆幸钱财只是身外物，两人平安才是最重要的。陈学俊用退回的存款买了两只瑞士手表，一只给袁旦庆，一只给自己。这样的奢侈品在过去可是万万没有想过要买的。

1973 年之后，陈学俊还被三次下放到农村，一次是在略阳，一次在高陵，还有一次是在五七干校。同样是下放到农村，别人叫参加劳动，而陈学俊还是“劳动改造”，吃的是苞谷饼，住的是农民家，条件要艰苦得多。尽管如此，陈学俊还是比较满足的，因为不再对其开批斗会了，精神上相对来讲也自由了许多。有一次陈学俊一个人坐在高山之巅，举目四望祖国的秀丽河山，想着自己不知何时才能重返教学岗位，不由得黯然神伤。在五七干校的劳动改造长达半年之久，住在窑洞内，睡在地铺上，生活条件十分恶劣。劳动的时候是 10 余人一个小班，农活多用架子车集体劳动，强度也是比较大的。五七干校的劳动改造之后又对其进行了一番评审，结果是认为陈学俊劳动表现良好，没有什么大问题。陈学俊又熬过了一关。

1974 年开始形势稍微有了一些好转，交通大学开始复课闹革命，陈学俊逐渐开始担任一些教学工作，但还是只让其教短期锅炉技术工人培训班的课，讲授一些锅炉基础知识。同时也还带领学生参加生产实习，无论是去电厂还是锅炉厂，都有一位青年教师跟着，美其名曰“群众监督”。虽然在校内的工作被监控着，到了校外的工厂，情况却又完全不一样了。校外的工程师们非常尊敬陈学俊，并没有把他当成改造的对象，而是将其当作锅炉专家来看待，这一点让陈学俊感慨万分。例如有一次在陕西秦岭电厂，第一台12.5万千瓦的直流锅炉机组投入运行，为了保证锅炉机组的正常工作，陈学俊也被邀请参加了，这令当时的陈学俊倍感自豪。在此期间，秦岭电厂还招待陈学俊去游览了一次华山，当时登山是在夜晚，陈学俊等人手持火把上山，途经北峰、苍龙岭后直达中峰，然后当天返回。虽然登山的过程非常辛苦，身体十分疲惫，但是陈学俊的心情却是无比的轻松和愉快。站在中国五岳名山之一的西岳华山之巅，感受着寒风呼啸而过的豪迈，放声高呼，顿觉祖国河山的壮美、自由的可贵，更觉得在整体的时局面前，个人的委屈算不了什么，光明总是会到来的，没有什么是不可战胜的。虽然当时陈学俊还没有得到平反，但还有锅炉厂和电厂来请他讲课。有一次他带着交通大学的学生在东方锅炉厂参加毕业实习，厂方专门邀请陈学俊作《国际锅炉工业动态及我国锅炉工业的发展方向》的专题报告，仍然把陈学俊说成是锅炉专家；在上海锅炉厂带学生参加生产实习时，厂方盛情挽留他，邀请他为该厂的职工大学主讲了为期三个月的锅炉方面的主要课程；在江苏望亭电厂第一台国产30万千瓦机组投入运行期间，电厂邀请陈学俊参加，并为该厂的职工大学授课三个月。能在校外现场为锅炉厂及电厂技术人员直接授课，对陈学俊来说同样也是为培养我国锅炉及电力工业建设方面的人才而服务，因此他由衷地感到欣慰。这些当年听过陈学俊授课的人中不少都成为技术骨干力量，这也从另一个方面朝陈学俊工程兴国的理想迈了一大步。

1975 年以后，陈学俊虽然还没有担任具体的行政工作，但是交通大学教研室已经逐步同意让其承担锅炉专

1968 年陈学俊夫妇与长子陈士林、次子陈士森在兴庆宫公园沉香亭前合影

业的主要课程以及指导毕业设计。1976年交通大学开始恢复部分教授的行政职务，袁旦庆就是第一批，她又再次担任电工学教研室主任这一职务。校内形势的不断变化反映了当时国内形势的不断变化，1976年敬爱的毛主席、朱委员长和周总理相继去世，让中国人民沉浸在巨大的悲痛之中。值得庆幸的是，在叶剑英元帅及老一辈革命同志的带领下，万恶的“四人帮”被一举粉碎，笼罩中国长达十年之久的“文化大革命”终于结束了。

第十章　改革开放　事业发展

日月更迭，岁序流转，时间走到了1976年冬天，离陈学俊家不远处的兴庆宫公园的湖面寒风阵阵，然而对于陈学俊、对于整个中国科学界乃至整个中国来说，漫长的寒冬即将过去。不管冬日多么漫长，春天还是姗姗而来，长达十年的动乱结束了。在十年浩劫过去之后，中华大地渐渐从荒唐而又悲剧式的岁月中苏醒过来，历史翻开了全新的一页。

1977年，邓小平同志出来主持中央工作，拨乱反正，不仅结束了十年动乱，使得国内形势逐渐稳定，也使得教育界恢复了往日的正常秩序。从1977年开始，陈学俊的教学工作已经全部恢复正常。1977年底在陕西省政协召开的第四届委员会第一次会议上，陈学俊被推荐担任陕西省政协委员，这是国家对陈学俊的培养和关怀，也从实际上恢复了陈学俊的名誉，使得陈学俊能够更专心地将精力放在热工程上，为祖国的现代化建设发挥更为重要的作用。

1978年3月18日，邓小平在全国科学大会上的开幕词中指出，四个现代化的关键是科学技术现代化，要大力发展我国的科技教育事业，他着重阐述了科学技术是生产力这一马克思主义观点。时任中国科学院院长的郭沫若也以诗人般的语言向广大科技工作者发出了召唤："科学工作者的同志们，请你们不要把幻想让诗人独占，嫦娥奔月，龙宫探宝，《封神演义》上的许多幻想，通过科学，今天大都变成了现实。伟大的天文学家哥白尼说：人的天职在勇于探索真理。我国人民历来是勇于探索、勇于创造、勇于革命的。我们一定要打破陈规，披荆斩棘，开拓我国科学发展的道路。既异想天开，又实事求是，这是科学工作者特有的风格，让我们在无穷的宇宙长河中去探索无穷的真理吧！……春分刚刚过去，清明即将到来。'日出江花红胜火，春来江水绿如蓝'。这是革命的春天，这是人民的春天，这是科学的春天！让我们张开双臂，热烈地拥抱这个春天吧！"

十年对于整个历史长河来说不过是沧海之一粟、天地之蜉蝣，然而对于一个人来说却足以让他"韶华逝去，红颜不再"，这年的陈学俊已经整整57岁了。

想起那段时期的荒废，陈学俊心中都会隐隐作痛，然而经历过那段风雨如晦的日子的人无疑会更加珍惜这来之不易的春天。他没有将自己的思绪放在对往昔的回忆与感叹中，开始以更大的热忱投入到他的热能动力工程学的研究中去，希望能够接近这个领域的前沿，赶上世界先进水平。1977 年开始，陈学俊的教学以及科研工作已经全部恢复到了正常的情况，同年 12 月，陕西省政协召开了第四届委员会第一次会议，陈学俊被推荐担任省政协委员。1978 年 7 月 5 日，当时的西安交通大学校长陈吾愚在一次校内大会上，正式宣布西安交通大学教职员工平反名单，陈学俊和爱人袁旦庆都列在其中，陈学俊夫妇在“文革”期间被强加的种种所谓问题和不实之词全部得到了澄清，此时的陈学俊百感交集。

“文革”结束后，整个国家急需彻底清除“文革”遗毒和“左”的路线影响，实现拨乱反正的历史任务。但当时党和国家主要领导同志坚持“两个凡是”的错误，使得党和国家的各项工作处于徘徊状态。此时，整个民族、整个国家需要一个伟大的思想解放来清洗头脑、振奋精神，推动历史向前发展。

1978 年 5 月 11 日，《光明日报》发表《实践是检验真理的唯一标准》的特约评论员文章，拉开了真理标准大讨论的序幕。当天，新华社转发了这篇文章。12 日，

《人民日报》、《解放军报》同时转载，以后全国绝大多数省、市、自治区的报纸都进行了转载。这篇文章论述了马克思主义的实践第一观点，正确地指出任何理论都要接受实践的考验。“圣经上载了的才是对的”是错误的倾向，是“四人帮”强加在人们身上的精神枷锁，必须坚决打破。文章的发表引发了全国范围内的关于真理标准问题的大讨论。党内外绝大多数人支持和拥护文章的观点。这一讨论也得到党中央主要负责同志邓小平、叶剑英、李先念、陈云等多数同志的积极支持，使得讨论逐步形成全国规模。

真理标准问题的讨论，实际上是邓小平等中央负责同志领导和支持下的一场全国范围的马克思主义思想解放运动。它冲破了长期以来“左”的错误思想束缚，为党的十一届三中全会的召开做了充分的思想准备。

1978 年底，党的十一届三中全会召开，决定把全党的工作重点转移到社会主义现代化建设上来，确立解放思想、实事求是的指导思想。整个国家在经受多年的禁锢之后，新的思想仿佛一股清新甘甜的泉水浇灌着人们干涸的心田，改革开放以雷霆万钧之势震动着拥有五千年文明的中华民族。陈学俊也迎来了自己科研的第二个青春。从 1979 年起，陈学俊担任了第一机械工业部动力机械教材编审委员会主任委员兼锅炉专业教材编审委员会主任、国家劳动总局锅炉安全技术鉴定委员会副主任、陕西省经济委员会顾问、国家自然科学基金委学科组成员、教育部十五年科技发展规划工程热物理规划组副组长、机械部动力机械教材编审委员会热能动力分编委会主任、西安市科学技术协会常委、中国核物理常务理事、中国能源研究会常务理事、中国工程热物理学会常务理事、陕西省科学技术协会副主席、《机械工程学报》编委、《核科学与工程》编委、美国《国际多相流》杂志编委、美国《国际能源、环境、经济》杂志编委、意大利《国际热科学》杂志编委、中国工程热物理学报主编等职务。

在诸多的头衔面前，陈学俊没有迷失自己，他明白，只有思想解放，才能促进科技的创新，促进社会生产力的发展。只有新鲜的知识、思想与理论不断交融，才能促进科学技术、思想文化的发展。科学家存在的意义在于要不断地发现，不断地将未知变为已知。这些年的闭关锁国、思想禁锢让我们的科技水平停滞不前，由于众所周知的原因，科技人才青黄不接，许多方面甚至都有一定的退步，而发达国家却抓住第三次科技革命取得了突飞猛进的发展，当国门打开的时候，我们看到的是惊人的差距。中国刚刚从一场浩劫中走出来，科技水平比较低，科研经费投入严重不足，可谓是百废待兴，作为中国的一名科学家，要想赶超世界先进水平任重道远。

面对这种情况，陈学俊再也坐不住了。改革开放的新环境使他感到如鱼得水，强烈的使命感和责任感驱使他付出了比一般人多出几倍的努力。凭借在美国留学多年的经历，在重拾因“文化大革命”而中断的老课题的同时，他不断查阅关于动力工程学的国外学术资料，抓住出国访问参加学术交流会议的机会深入了解近年来发达国家正在研究的学术前沿。从 1979 年到 1981 年的三年里，陈学俊写了《大容量电站主力机组锅炉循环方式与锅炉特性分析》（《机械工程学报》1979 年第 1 期）、《管内汽水双相混合物转弯特性的研究》（《西安交通大学学报》1981 年第 2 期）、《螺旋管内两相流动特性及换热特性》、《汽液两相流与沸腾换热的基本问题》等 8 篇学术论文和学术报告，刊登在了校内外的学术刊物上，主编了全国通用教材《锅炉原理》，合编了研究生参考书《大型电站锅炉锅内传热与水力特性》，主译了《两相流与沸腾传热》等三本书。为了适应我国动力工业发展的需要，陈学俊应邀在学术会议、研究机构及工厂，就大容量锅炉的设计原理、科学技术发展以及两相流与沸腾传热基础理论方面做了 8 次学术报告，就能源问题做了 12 次报告，包括在国外的一次报告。

他亲自主持恢复了水 / 空气试验台、新建了氟利昂试验台和高压水/蒸汽实验台，后者是国内唯一可工作到超临界压力以上的试验系统，在国际上也属罕见。1979年，他主持筹建了我国高校中第一个工程热物理研究所。

20世纪70年代末，人们的思想刚刚解放，面对国外新鲜事物还不知道如何是好，正如鲁迅在《拿来主义》中说的那样："我们被'送来'的东西吓怕了。先有英国的鸦片，德国的废枪炮，后有法国的香粉，美国的电影，日本的印着'完全国货'的各种小东西。于是连清醒的青年们，也对于洋货发生了恐怖。其实，这正是因为那是'送来'的，而不是'拿来'的缘故。……"历史的经验深刻地告诉我们，一个国家要想富强、一个民族要想崛起，就必须打开国门，欢迎四方来客，学习国外先进经验。同样，在科技领域要想缩短与国际先进水平的差距，提高科技水平，闭门造车是行不通的。只有敞开怀抱，大胆吸引先进技术，学习别人的优点，才能使中国快步走向富强。而且改革开放也给中国科技工作者提供了这样一个走出去引进来的环境。然而，由于"文革"刚刚结束，许多老师以及学生的英语水平很难达到这样的要求。为了提高教学科研人员以及同学的英语水平，在美国留学多年的陈学俊主动为教研室教师用英语开设专题报告，为同学们用英语做专题讲课。这样一来，不仅将学科的前沿知识介绍给了科研人员，也极大地提高了他们的英语水平。他的课很受大家欢迎，那潇洒的气质、扎实的知识、迅捷的思维、流利的口语，无不赢得老师以及同学们的交口称赞。

由于在学术以及教学方面的突出成就，1980 年初，中央组织部任命陈学俊为西安交通大学副校长，分管科研及研究生工作，这是陈学俊所没能想到的。然而更大的惊喜还在后面，1980 年底，陈学俊当选为中国科学院学部委员，也就是中国科学院院士，这是我国最高的学术荣誉称号。然而陈学俊并没有因此而满足，他始终保持着谦虚的态度，认为这是教研室同志们集体努力的结果，只有继续努力才能无愧于这一荣誉。1981 年 5 月，中国科学院召开了第四次学部委员大会，陈学俊受到了邓小平等党的第二代领导集体的接见，这对于陈学俊来说又是一次终生难忘的幸福时刻，促使着他为热能工程事业继续奋斗。

1935 年 4 月，当时的中国政府曾仿效英美体制颁布了“学位授予法”，对学位授予的级别、学位获得者的资格和学位评定的办法等做了规定，这是中国现代学位制度的开端。由于旧中国教育落后，这项制度最终没有得到认真施行，到 1949 年新中国成立前，仅有 232 人获得硕士学位。新中国成立后，政府十分重视研究生教育，1950年开始招收研究生。1950年至1965年共招收研究生22700多人。从1966年后，由于“文化大革命”，中国研究生教育中断了12年之久。1978年中国实行改革和对外开放政策以后，立即恢复了招收培养研究生制度。1980年2月12日，中华人民共和国第五届全国人民代表大会常务委员会第十三次会议审议通过了《中华人民共和国学位条例》，并于1981年1月1日起施行。1981年5月20日，国务院批准了《中华人民共和国学位条例暂行实施办法》，制定了学士、硕士、博士三级学位的学术标准，中国学位制度从此建立。陈学俊出席了教育部及国务院学位委员会召集的学位授予单位评议会议，被聘为国务院学位委员会工科组组员，并被评选为国内首届热能工程学科博士生导师，1986年又被评选为核反应堆学科博士生导师。在西安交通大学创建了两个博士点，是两个学科的学术带头人，这在当时的大学里是唯一的。

1982年11月4日，陈学俊被教育部任命为第一个世界银行中国大学发展项目中国审议委员会副主任兼任工程组组长。教育部第一个大学发展项目由世界银行资助2亿美元作为基金，由国际顾问委员会和中国审议委员会联席会议讨论决定基金的使用。这笔无息贷款主要用于教育部直属26所高等院校选购大型计算机、贵重仪器仪表，选派中国赴国外进修的访问学者，以及聘请国外各学科专家学者来中国高等院校讲学共三项任务。国际顾问委员会主任、副主任分别由美、德、英、法、日五国各派一名大学校长或院士担任，秘书长由美国人担任。中国审议委员会主任、副主任分别聘请中国六所大学校长或院士担任，下设数、理、生物、化学、工程及计算机五个组。主任是清华大学副校长张光斗院士，副主任五个人分别兼一个小组组长。每年召开联席会议两次，一次在国外，一次在国内。每次会议需一个多月时间，组织调查研究并集体讨论制定经费分配与使用计划，以完成上述三项任务。在担任这一工作的三年里，陈学俊认真负责对待每一次会议、每一笔经费的使用，为我国高等教育事业的发展做出了积极的贡献。

在西安交通大学东梧桐道边的一个角落里有一所实验室，虽然位置不太显眼，但是每一个交大人都知道，它就是动力工程多相流国家重点实验室，这个实验室的创始人正是陈学俊。

多相流物理学是指不同形态的物质同时存在时的流体动力学及其传热传质过程，是在流体力学、传热学、传质学、物理化学与燃烧学基础上发展起来的一门新兴科学。动力机械的本质是实现能量的转换与传递，动力机械中的介质大部分涉及多相流问题，特别是现代化的大型动力机组中，多相流的问题往往是影响机组发展的关键因素之一。多相流是一门涉及许多部门的重要学科，在动力工程中尤其有重要作用，开展多相流及传热规律的系统研究，对我国动力工业、能源工业、化学工业及高技术等的发展有重要的作用。基于这种形势，陈学俊做好工程热物理研究所工作的同时，于1989年在两相流研究室的基础上，积极筹建动力工程多相流国家重点实验室。经过两年筹建，动力工程多相流国家重点实验室于1992年12月通过国家计委组织验收，正式成立，陈学俊担任实验室主任兼学术委员会主任。实验室设有高压汽水两相流研究室、有机工质两相流研究室、油气水三相流研究室、气固两相流研究室、湿蒸汽两相流研究室、低温两相流研究室及沸腾换热研究室。前三个研究室为核心部分，后四个研究室与动力系有关教研室合作进行科研工作。

在国家自然科学基金委员会等的支持和资助下，在计算传热学领域，陈学俊率领实验室一班人取得一系列创新性成果：提出了组合网格思想，提出了判断稳定性的符号不变原理，提出了有界性判断的新准则，发现了翅片强化传热过程的新机理……这些成果促进了我国“计算传热传质学”学科的形成与发展，在国内外同行中影响显著，达到国际先进水平。研究成果还用于21

个工程项目，对我国工业新产品的开发、国防与高新技术的发展做出了积极的贡献。

从1990年至2011年，在自然科学基金的资助下，陈学俊带领实验室逐步承担了一批国家重大基础研究和核心、关键技术研发的项目和任务，包括主持国家自然科学基金重大项目1项，主持国家“973计划”项目3项，主持“863计划”课题多项，共承担完成各类国家级科研任务500多项。其中，不少研究成果在工业生产中应用，取得了巨大的经济效益和社会效益。

实验室开发的环保节能型制冷剂达到国际先进水平，在长岭、海尔、美菱等企业的冰箱制造中广泛使用，仅长岭一家已生产环保节能型冰箱250多万台；“类环状流微膜蒸发板翅式冷凝蒸发技术”是我国制氧领域50多年来第一项拥有自主知识产权、具有国际领先水平的发明成果，已成为新一代制氧装置的关键技术，各项技术指标和运行性能全面优于国内外所有的同类产品；“超临界锅炉关键技术研究”对提高大型锅炉的设计水平和保证锅炉正常运行的可靠性具有重要的意义，已应用于上海锅炉厂和哈尔滨锅炉厂的设计之中……

改革开放以来陈学俊根据多相流与传热领域的国际发展动态，结合国家经济建设的需要，长期坚持以两相流与传热为主的科研方向，对国际上尚属空白的螺旋管及尚不成熟的水平管、垂直下降管等管型内汽液两相流和传热特性进行了系统研究，与研究生一起导出了水平管、立式及卧式螺旋管在高干度区的临界热负荷计算公式及干涸后传热公式；首次在国内外对螺旋管内两相环状流速度场进行理论求解，并应用 LDV 测定了环状流液膜层局部速度分布；首次在国内应用高速摄影和观察窗技术实现了中、高压汽水两相流的测定判别，建立了国际上第一张卧式螺旋管内中、高压汽水两相流型图；首先提出了水平管上下壁温飞升点的计算模型与两相流摩擦阻力计算公式；首次在国内对中、高压下汽水两相流在垂直单管、平行管、U 形管、螺旋管等内的压力降型、密度波型及热力型脉动进行了系统的研究，区分和定义了汽化点处脉动这种新的脉动形式等。研究工作全面深入，自成体系，内容包括两相流型及其转换、两相压降、截面含气率、两相流量分配、沸腾传热、临界热负荷、干涸后传热、两相流不稳定性、汽泡运动、液泛、夹带和沉积，以及多相流测量等方面。

改革开放以来，陈学俊在科研教学方面获得国家级及部委省级奖十余项，分别是：陈学俊，“能源技术政策研究”于 1988 年 4 月获得国家科技进步一等奖；陈学俊、林宗虎、陈听宽、周芳德，“管内气液两相流与沸腾传热特性研究”于 1987 年获得国家教委科技进步一等奖，并于1988年获自然科学奖三等奖；陈听宽、陈学俊、赵国凌、罗毓珊、田永生、陈宣政、李遏龙，“高压汽水两相流与传热试验系统”于1991年先后获国家科学技术进步二等奖及陕西省科技进步二等奖，于1996年10月获得何梁何利基金科学与技术进步奖；陈听宽、陈学俊、陈宣政、罗毓珊，“大型电站锅炉两相流沸腾传热与阻力特性研究”于1989年7月获得国家教委科技进步二等奖；陈学俊、周芳德、郭烈锦、张鸣远等，“螺旋管内沸腾流体两相流动与传热规律的研究”于1992年7月获得国家教委科技进步二等奖；陈听宽、陈学俊、陈宣政、田永生，“受热沸腾管高压汽水两相流传热恶化规律的研究”于1993年6月获得国家教委科学技术进步一等奖；陈学俊、张鸣远、郭烈锦、周芳德等，“汽（气）液两相流流体动力学应用基础研究”于1997年3月获得国家教委科学技术进步二等奖；郭烈锦、陈学俊、冯自平、白博峰、张西民、许持真、张忠义，“闭式循环热力推进新型鱼雷锅炉反应器气液两相流与传热规律及设备”于1997年3月获得国家教委科学技术进步二等奖；郭烈锦、陈学俊、赵亮、郝小红、何银年，“复杂约束条件气液两相与多相流及传热研究”于2008年获得国家自然科学二等奖；陈学俊、林宗虎、郭烈锦、张鸣远、肖岷、王芊、吴一宁，“沸腾管内汽液两相流流动不稳定性及脉动规律研究”于1998年获得教育部科学技术进步二等奖；郭烈锦、李广军、陈学俊，“原油井口管流除沙器”于2000年1月获得国家发明专利（ZL96118733.6）；陈学俊，《两相流与传热原理与应用》于1992年12月获得中国图书奖二等奖；陈学俊，“思想教育与业务教育紧密结合培养德才兼备博士生”于1991年8月20日获得陕西高等学校优秀教学成果一等奖，于1996年4月8日获得交通大学百年校庆王宽诚特别奖；陈学俊，《实施科教兴国战略、继往开来、阔步前进》于1998年12月获得“深入学习邓小平理论，纪念十一届三中全会20周年征文”特别奖。

此外，陈学俊还获得了一系列荣誉证书及聘书，并主持了一系列学术会议：1982年，被教育部聘为世界银行贷款第一个中国大学发展项目审议委员会副主任（兼工程组组长）；1989年，被中国科学院授予中国科学院荣誉奖章；1990年，当选为中国动力工程学会第五届理事；1990年，被机械工业委员会聘为《机械工业学报》第六届编委会委员；1990年，被国家教委授予从事高校科技工作四十年荣誉证书；1990年，被中国核学会授予中国核学会荣誉理事称号；1991年，享受国务院特殊津贴；1992年，被陕西省科协授予陕西省科协荣誉会员称号；1992年，被陕西省科协授予陕西科技精英称号；

1992年，被聘为《化学工程手册》第二版编委会委员；1992年，被中国动力工程学会授予中国动力工程学会荣誉奖；1992年，被国家自然科学基金委员会聘为国家自然科学基金委员会学科评审组成员；1992年，被中国国际文化交流中心陕西分会聘为副理事长；1993年，被清华大学核研院聘为清华大学863项目高温气冷堆工程技术顾问；1993年，被西安石油学院特聘为西安石油学院兼职教授；1993年，被陕西省延安精神研究会聘为名誉会长；1993年，被陕西省海外联谊会聘为名誉会长；1993年，被东南大学聘为“增压流化床联合循环发电技术及装备研究”项目技术顾问；1994年，被中国动力工程学会授予中国动力工程学会终身荣誉会员；1995年，被同济大学聘为名誉教授；1995年，被聘为《陕西省博士后优秀论文集》学术委员会委员；1995年，被华南理工大学聘为华南理工大学传热与节能国家教委开放实验室学术委员会委员；1995年，被西安交通大学授予国家实验室建设先进个人；1995年，被西安市第一中学聘为高级顾问；1996年，被聘为《机械工程学报》第七届编委会委员；1996年，被西安交通大学授予西安交通大学杰出教授称号；1996年，被西安交通大学授予交通大学迁校四十年来做出贡献荣誉证书；1997年，被西安交通大学评为精神文明建设积极分子；1998年，被中国工程热物理学会聘为《工程热物理学报》主编；1998年，被聘为陕西省老年科教工作者团体联合会高级专业技术职称任职资格评审委员会副主任委员；1998年，被授予在研究生教育工作中做出突出贡献的博士生指导教师荣誉称号；1998年，被聘为大学生科技与专利促进中心顾问；1998年，当选为中国工程热物理学会名誉理事长；2000年，当选为中国计量测试学会第五届理事会常务理事；1984年，主持第一届国际多相流与传热学术会议；1989年，主持第二届国际多相流与传热学术会议；1994年，主持第三届国际多相流与传热学术会议；1997年，

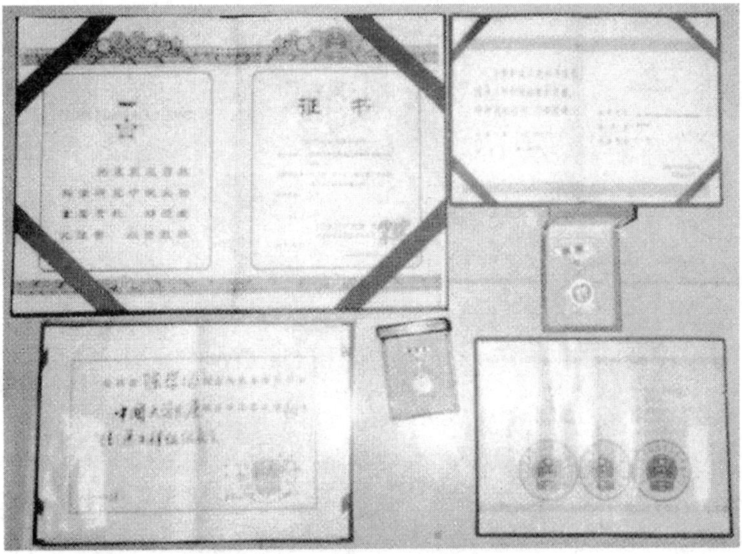

部分证书 1

主持国际多相流学术会议与国际工程热物理学术会议；1999 年，主持第四届国际多相流与传热学术会议。

马克思在《政治经济学》序言中写道：“在科学的入口处，正像在地狱的入口处一样，必须提出这样的要求：这里必须根绝一切犹豫，这里任何怯懦都无济于事。”科学研究从来都不是热热闹闹的东西，而是相当枯燥的。研究内容的精深与艰涩让科学研究成为一种单调而枯燥的行为。每天在实验室里计算，在实验仪器前静静地观察，成为陈学俊的家常便饭。这些成就看上去绚丽多彩，然而这些成就的背后不知道承载了陈学俊多少汗水与艰辛。

证部分证书 2

部分证书 3

1995 年受聘为同济大学名誉教授

1997 年，主持国际多相流学术会议与国际工程热物理学术会议

第十一章　出国访问　学术交流

1979年，得到平反仅一年的陈学俊怀着重获自由的复杂心情踏上出国访问和学术交流的路程，这是他回国30多年以来第一次参与国际学术交流活动。多年前在美国普渡大学攻读研究生学位时，他就已经意识到学习国外先进科学技术用于我国科学技术发展的重要性，因此他对这次难能可贵的访问格外珍惜。

这年冬天，陈学俊出国访问的第一站便来到了美国迈阿密，在这里举行的国际替代能源学术会议上，他结识了会议主席迈阿密大学清洁能源研究所所长T.Nejat Veziroglu教授，两人一见如故。在愉快的交谈中陈学俊深感学术交流的重要性和迫切性，心中萌发了将国外最新研究成果引入国内，并将我国在能源研究相关方面的最新成果推向世界以提高我国在学术界地位的想法，与会期间，他便与各国学者探讨相关事宜。一回到国内，他便与相关领导专家学者进行了认真的商榷与准备，逐步确定了中美合作研究的计划。这个在当时十分大胆的提议，引起了学术界的很大反响。

两年后的冬天，已当选为中国科学院院士的陈学俊与 T.Nejat Veziroglu 教授又一次在迈阿密结缘。在这里举行的第四届国际替代能源会议上，担任会议科学委员会顾问的他，将我国新能源发展方面的最新研究成果写成论文，向参会的各位专家学者们做了详细严谨的介绍，其中不少成果令外国专家佩服不已。更重要的是，陈学俊此行还身负着一个光荣的使命。在会议开幕式上，身为西安交通大学工程热物理研究所所长的陈学俊受当时西安交通大学校长委托，代表学校聘任会议主席迈阿密大学清洁能源研究所所长 T.Nejat Veziroglu 教授为西安交通大学名誉教授，并共同订立了迈阿密大学清洁能源研究所与西安交通大学工程热物理研究所在两相流不稳定性项目上的科研合作协议，得到了中美两国国家自然科学基金委员会的大力支持，分别提供了资金补助，迈出了中美在两相流与传热方面合作研究的第一步，从此西安交通大学工程热物理研究所与美国迈阿密大学清洁能源研究所展开了多年卓有成效的科研合作。在合作研究期间，双方互派学者访问和实验，美方 Veziroglu 教授和 Kakac 教授等知名专家相继来到西安交通大学进行学术访问，林宗虎、周芳德和陈听宽三位教授也成为该协议的首批受益者，前往迈阿密大学访问及参加部分研究工作，研究成果论文以两方参加人员共同署名发表。两方各自发挥特长，共同开展了多项研究，并共同组织了两次国际性学术会议。

特别是1984年5月，陈学俊与Veziroglu教授在西安交通大学第一次共同主持召开了中美两相流与传热国际学术会议，陈学俊对这次会议至今记忆犹新，因为这是“文革”后西安交通大学召开的第一个国际学术会议，更开启了在我国高等学校召开国际性学术会议的先河。田长霖、J.C.Chen及A.E.Bergles等10名美方知名学者及加拿大、德国、澳大利亚、土耳其等国有关专家出席会议，我国国家自然科学基金委员会资助的50余位专家学者也参加了会议。这次会议代表了当时两相流与传热学科的世界水平，经评选采用的57篇论文中有35篇为我国研究成果，论文集也在会议结束后由美国半球出版社出版向全世界发行。在后来的几届会议上，中美学者的合作愈加默契，参加会议的国家和人数越来越多，他们的研究成果、论文也愈加成熟和丰盈。中美两方合作研究的十余年时间里，陈学俊与西安交通大学工程热物理研究所的师生共同努力，对垂直上升管、并联管、倾斜管及螺旋管的压力降型脉动、密度波形脉动、热力型脉动在中高压下进行了系统的创造性试验研究和理论分析，提出了判断密度波形脉动的准则式，还区分了汽化点处这一新的脉动型式，发表了20多篇论文，逐步达到国际先进水平。

这次开创性的成功合作，令陈学俊充满信心地致力于我国工程热物理学科研究的国际交流与发展，他意识到我国在工程热物理研究方面虽然还需要向国外先进研究成果不断学习，但是同样具备创新研究的条件与实力，我国的相关研究成果也为国际工程热物理学科的研究发展提供了学习和借鉴的机会。本着这样的理念，陈学俊先后代表学校与瑞士洛桑高等工业大学、美国康乃尔大学、美国明尼苏达大学等国际知名高校签订了姐妹学校协议，从而使西安交大的科研与教学实力跃上新台阶，成为中国最具实力和魅力的大学之一。尽管如此，当时仍然有一些外国媒体恶意挑衅，怀疑我国的研究水平，令人痛心。在一次由瑞士洛桑高等工业大学举行的记者招待会上，一位美联社的记者不怀好意地问道："你们为什么不与美国著名大学签订合作协议，是不是你们学校的理论水平低？"陈学俊立刻反驳道："瑞士洛桑高等工业大学最近去西安访问后，认为我们学校理论水平不仅不低，而且很高，所以主动邀请我们前来访问，签订合作协议。"这时，洛桑高等工业大学的一位教授也站起来声援陈学俊：“西安交通大学的理论水平是很高的，我们做过实际的了解和交流。”美联社的记者一时默不作声了。塔斯社的一位记者又接着挑衅道：“那你们为什么不和社会主义国家大学签订合作协议呢？”陈学俊与同行的校党委副书记凌雨轩反击道：“那是由于众所周知的原因，责任在于你们，并非我们拒绝与社会主义国家的大学签约。你应该心知肚明，早在20世纪50年代我们学校就曾经和莫斯科动力学院有过合作协议。学术交流是没有国界的，我们不会拒绝任何一所愿意与我们共同研究、共同进步的大学的。”听

率西安交通大学代表团访问瑞士洛桑高等工业大学并签订两校合作协议，此为陈学俊与该校校长维多（Becnaid Vittoz）在招待会上

到这里，那位记者只好慌乱地坐下。陈学俊与同行的专家学者据理力争，以事实正面还击的事迹，不仅得到了学术界的尊重，也赢得了当地各大友好媒体的青睐，第二天便有多家媒体纷纷要求对他进行专访。陈学俊不卑不亢的形象给不了解他的人留下了深刻的印象，也给了西方媒体一个重新认识中国、中国学术界和中国知识分子的机会。在他与同事的努力下，越来越多的大学与西安交通大学签订合作协议，不少知名大学也陆续亲自找上门来，国际学术交流之路越走越宽广。

身为西安交通大学副校长和工程热物理研究所所长的陈学俊，在大力提高西安交通大学工程热物理学术研究的国际知名度的同时，也始终不忘自己身为中科院院士所担负的责任和义务，他希望能为我国学术研究向世界水平发展以及高层次人才培养贡献力量。

1982 年 11 月 4 日，他被教育部任命为第一个世界银行中国大学发展项目中国审议委员会副主任兼工程组组长，再一次让世界领略到中国学术界洋洋勃发的风采。西安交通大学作为项目计划发展的 26 所高等院校之一接受贷款总金额达 834 万美元，用于设备购置 700 万美元，高层次人员进修 114 万美元，资料图书购置 20 万美元。在担任副主任兼工程组组长的三年里，陈学俊出访了法国、英国、德国等国的知名大学，学习访问了牛津大学、剑桥大学、汉诺威大学、慕尼黑大学以及有关工厂和研究所，在伦敦参加英国皇家学会主席宴请专家联席会议全体成员时，陈学俊看到这个英国最高水平的学术机构不仅有专门的会所、宴会厅和舞厅，其成员还可以偕夫人一起参加学术活动，举行宴会或舞会，操劳多时的他终于在严肃的学术访问中体会到一丝轻松。这场形式独特的宴会给了陈学俊很大启发，那便是学习交流不应只停留在学术层面，于是在闲暇之余他欣赏了各地的名胜古迹和优美风光，留意所到之处的具有进步意义的事物，一一记在日记中。

1984 年 6 月在英国伦敦皇家学会（Royal Society）门前与清华大学张光斗院士（中）以及北京大学陈新明（右）教授合影

看到国外优美的城市风光和良好的学习环境，陈学俊对在外求学的中国学子产生了羡慕之情，同时他敏锐地感受到这样优良的条件很有可能对一些优秀的国内人才产生物质方面的诱惑，从而萌发崇外思想。结合自己多年的教学经验他更深切地感到在高等院校工作，首要的任务就是培养德才兼备的高层次人才，教师工作不仅要传授知识，更要培育学生良好的德行。在经过巴黎和伦敦的大使馆时，陈学俊受邀发表讲话，他教育在国外学习的同学要有理想、有志气，珍惜宝贵年华，勤奋学习，敢于创新，才能学有所成，为祖国争光。他激情澎湃地对在场的学生和访问学者说道："巴黎繁花似锦，伦敦绿草如茵，实验室有先进仪器，学习环境有多美！……我要提醒大家的是，世界上最美的地方，不是巴黎，也不是伦敦，而是我们中华人民共和国，那里有雄伟壮丽的万里长城，奇峰险浪的长江三峡，风景秀丽的黄山，山水甲天下的桂林，……世界上最好的工作地点不是在国外，而是在我们伟大的祖国，那里有 960 万平方公里的广阔天地，有 10 亿勤劳勇敢的人民，有宏伟的四化建设规划，有领导全国各族人民前进的伟大的中国共产党，希望大家努力学习，早日学成回国，为祖国四个现代化建设事业贡献自己的力量。"这不是学术性的报告，也不是时事性的演讲，但给在场的每一个人都留下了深刻的印象，因为这是一位以身作则、德高望重的老一辈学者对年轻一代殷切的希望。多年来，无论是在国内、校内，还是在国外、校外，只要一有机会他都以自己的亲身经历和切身体验将他对年轻才俊的期望付诸实际，他所培养的研究生无一不谨记老师的教导，做事先做人，以德服人。

由于陈学俊的杰出贡献，1984 年至 1988 年，他的名字先后四次被分别载入英、美出版的名人录中。1989 年，陈学俊又获美国传记研究所颁发的教学与科研有突出贡献的国际著名学术领导人奖。1992 年 9 月，应邀出国访问的陈学俊回到了阔别数十年的美国普渡大学，当

1992 年陈学俊重访美国普渡大学

年意气风发、一心报国的小伙子如今已是名扬四海、年过七旬的老人了，这个他当年求学的地方如今也成为他进行国际学术交流的必经之路。他认真参观了机械系传热实验室，与几位专家学者共同探讨交流。普渡大学附近已经找不到陈学俊当初求学时住过的街道和住房了，好在音乐厅、俱乐部这些他经常去的地方还是一如从前，虽然喜爱音乐的他此行没能重温异国求学时的音乐梦，但普渡生活学习期间的点点滴滴萦绕在他心头，久久难忘。

此时，这位名誉四海的中科院院士出国进行学术访问的机会也越来越多，每次都有令他兴奋的可喜收获，然而在海外遭遇的一次冷遇让陈学俊感慨万千。他参加完在南斯拉夫的一个海滨城市多布罗夫里克召开的第一届国际实验流体力学、热力学与传热学的学术会议后，在归国途中经过莫斯科，住在中国大使馆。眼看同机到达的处长、厅局长早早地被一一安排住处，自己却被置之不顾，陈学俊对工作人员说自己是交大教授、学部委员，工作人员们仍然不予理睬，无奈之下，他只好搬出自己省人大常委会副主任的身份，这才引起工作人员的重视，被安排到很好的住所。中国大使馆工作人员严重的官本位思想令陈学俊哭笑不得。然而与苏联的专家学者见面时，陈学俊则享受了与中国大使馆官员有着天壤之别的礼遇。在参观苏联科学院办公地点时，苏联科学院院士史特刊哥维兹热情地一路陪同陈学俊，邀请他在院士食堂就餐，并介绍他在莫斯科动力学院副院长的陪同下参观莫斯科动力学院。莫斯科的几天访问，陈学俊对当时苏联的发展状况印象颇佳，虽然当时苏联重视重工业，其轻工业产品和日常生活用品并不丰富，但是人民文化水平较高，生活工作井然有序。特别是对科学研究工作十分重视，从事科研的专家教授都享有比较优厚

1988年9月在南斯拉夫海滨城市Dubrovnik出席国际学术会议

的待遇，接待陈学俊的史特刊哥维兹院士更是配备有专车和两名助理秘书。陈学俊并不羡慕苏联专家优厚的待遇，而是忧心一些国人不尊重知识分子的落后思想，很有可能造成人才的外流、学者的心理失落以及国家形象的损害，对这种现象他进行了严厉的批评。好在随着改革开放的深入，人们的思想日益解放，我国学者的地位也得到了大力提高。1996 年获得第三世界科学院院士荣誉后，陈学俊出国访问交流参加学术年会的机会更多了，每到一个国家或城市，他都能结识新的专家学者，并力邀他们到我国参观访问，他的足迹也在世界版图上越走越远，他的心与祖国贴得越来越近。

国内各大学术会议以及各个大学都常常能见到他矍铄的身影，华南理工大学、海南大学、海口师范学院、同济大学、浙江大学、香港科技大学、上海理工大学、西北工业大学等都留下过陈学俊的足迹，他还受聘为清华大学 863 项目高温气冷堆工程技术顾问、西安石油学院兼职教授、同济大学名誉教授、东南大学“增压流化床联合循环发电技术及装备研究”项目技术顾问、华南理工大学传热与节能国家教委开放实验室学术委员会委员、西安第一中学高级顾问以及大学生科技与专利促进中心顾问，致力于我国大中院校的学术研究发展和学生培养发展。每到一座城市，各有特色的景致都让他沉醉不已，回想在国外看到的异国风光，尽管十分迷人，但他始终觉得，世界上最美的地方仍然是自己的祖国。

从1980年获得中国科学院院士到1996年得到第三世界科学院院士殊荣，这位“双院士”始终如一地进行科研创新，用60年来的研究成果迎接新世纪的曙光。从20世纪80年代他将我国工程热物理学科研究成果带向世界的那一天开始，外部的种种荣誉和干扰便紧紧包围着他，但他始终坚守自己年轻时便定下的“终生为动力工业服务”的信念，不骄不馁地专注于学术研究。

20世纪70年代以来，由于电力工业及石油化学工业中高参数的引入，核电站与航天工业的迅速发展以及对环境保护的日益重视，陈学俊的研究直接关系到能源、动力、核反应堆、石油化工、低温、环保等许多部门的发展。根据国家第六个五年计划的需要，他承担了国家自然科学基金重大项目两相流动和传热规律的研究，主持建设了水—空气试验台、有机工质传热试验台以及高温高压两相流和传热试验台，其中后者试验压力可以达到300大气压，在国内同类试验装置中工作压力最高。

20世纪80年代他提出“工业锅炉大型化、火电机组近代化、城市煤气化、工业窑炉高效化及机车电汽化”的理论，并进行了详细的科学论证，为国家能源技术政策所采用，载入国家科委蓝皮书，获得国家科委、国家计委、国家经委有重大贡献奖励。

他的研究填补了当时国内大型电站锅炉以及钠冷快中子堆有的采用螺旋管式蒸汽发生器方面的学术空白。提出了国际上第一个根据流动参数即可判明两相流动型式的卧式螺旋管高压汽水两相流型分布图。根据自己20世纪50年代便开始的研究成果，陈学俊指导研究生对汽泡在螺旋管内的运动规律进行了进一步探索，给汽泡的运动特性和运动轨迹做了相关图示，并最终提出了“液膜影响区”的新概念。在这种新机理基础上，导出了水平管、螺旋管在高干度区的临界热负荷，同时也可以预测螺旋管内干涸后周向壁温的分布以及螺旋管内干涸后传热特性。

他应用摄动方法对螺旋管内两相环状流动的速度场进行理论求解，同时应用激光测速仪测量了环状流中液相的局部速度分布，克服了由于圆管和螺旋管弯曲双重曲率对测量管内速度造成的困难，打破了国内外关于这项研究的坚冰。

他还对水平管中高压气液两相流动与传热特性进行了研究，特别是在临界热负荷方面提出了上下壁温飞升点的新概念及其计算模型；在摩擦阻力方面提出了有实际应用价值的新的计算公式，并为国内水力计算标准所采用。

他率先根据国家节省燃料、提高发电效率、发展超临界压力锅炉的需要，和研究生一起开始对垂直管内亚临界压力及超临界压力下的下降流动传热特性进行开创性研究。通过实验研究发现并定义了强混弥散状流的一种新流型，进而提出了在亚临界、近临界压力区垂直下降管沸腾传热恶化特性优于垂直上升管的全新结论。

他指导研究生全面地研究了垂直上升管内的密度波型脉动、压力降型脉动、热力型脉动和汽化点处脉动。根据实验数据划分了各类脉动发生的区域，提出了判别密度波型脉动的无量纲准则式，区分了汽化点处脉动这种新的脉动形式，填补了学术界又一空白。

陈学俊多年来对两相流与传热规律进行了比较全面深入的研究，形成了一套包括两相流流型、流型转换、两相压降、两相分配、截面含汽率、沸腾传热、临界热负荷、干涸后传热、两相流不稳定性、两相及多相流测量等各个方面的较为完整全面的理论体系。在两相流研究室的基础上组织筹建了动力工程多相流国家重点实验室，设立了高压汽水两相流研究室、有机工质两相流研究室、油气水三相流研究室、气固两相流研究室、湿蒸汽两相流研究室、低温两相流实验室及沸腾换热研究室，取得了一系列创新的科研成果。

他主持的国家高技术发展项目的一个子项目——高温气冷反应堆蒸汽发生器研究，进行模拟试验和理论研究。陈学俊联系石油和石油化工工业发展的迫切形势又开始从事油—气—水三相流动特性的前沿研究，对油—气—水三相流动流型、相比率等问题进行试验与分析。

以上这些研究成果论文先后发表在国内一级学报和各种国际传热会议上，很多成果经过国家教委组织鉴定认为达到了国际水平，特别是“工程热物理中关键问题研究”中多相流部分内容达到了国际先进水平。还有部分成果被国家自然科学基金委员会评为“七五”重大项目。

获奖同时，陈学俊用英文、俄文写了大量学术论文，引起国际学术界的高度重视，不仅发表在国外权威杂志上，还有一些被国外出版社编辑出版发行。在国内，他一方面将自己多年的理论成果进行系统的整理，编成学术研究专著，另一方面他不忘继续为锅炉和热能动力等方面国内教材的编写添砖增瓦，为我国该研究领域教学方面提供了很多具有先创性的资源。

1981年我国开始实行学位制度，陈学俊出席了教育部以及国务院学位委员会召集的学位授予单位的评议会议。他被聘为国务院学位委员会工科组组员，并被评为国内首届热能工程学科博士生导师，后来又被评选为核反应堆学科博士生导师，成为当时大学里唯一的一位同时是两个学科的学术带头人的“双博士生导师”。从事科学研究的60年来，他为我国锅炉专业及热能动力专业培养了几十名研究生，截至2009年，30人获博士学位，14人获硕士学位。这些高水平人才大都立足国内经济建设，绝大多数已经成为我国动力工业及许多设计研究院、电厂、锅炉厂的领导和骨干，他们当中不乏获得中国科学院院士、中国工程院院士荣誉的知名教授、专家，有的已经成为高校的博士生导师。

作为热能工程重点学科及动力机械与工程热物理博士后流动站的学术领军人的陈学俊院士一贯秉持德育与智育紧密结合的原则，经常以自己的亲身经历教育学生要热爱党和国家，有理想，能吃苦，敢创新。他以自己在年少报着工程救国的理想历尽艰辛、刻苦求学的经历，启发学生珍惜优良的条件，勤奋学习，勇于探索，不要被国外优厚的条件诱惑，要一心为国争光。

陈学俊院士在学术研究和道德品质方面严格要求学生，重视学生道德品质的健康和全面发展，为人处事光明磊落，为学生树立良好的表率作用。在生活上和工作上给予学生关怀，想方设法为学生排忧解难。过年过节他总要看望没有回家的学生，风雪无阻。学生进行课题研究和论文答辩时，他也不厌其烦，出谋划策，再三嘱咐。他以严谨的治学态度，高度的责任心，大胆创新的精神，成为学生们终生受益的良师楷模。

他经常从教学实践和交流访问中反思我国高等学校研究生培养工作中存在的问题，曾与美国、德国和日本的教授联合培养博士生，加强高层次人才的专业研究水平。学位制度刚开始实施时，国内很多人对于研究生培养还很陌生，并没有意识到高层次研究生培养的重要性，陈学俊看到这个问题后，立刻撰写了多篇相关文章，并在相关会议上发表报告。在《高等学校培养研究生工作中的几个问题》一文中，陈学俊对研究生培养工作在高等教育中的地位，研究生培养的工作制度、方式方法，研究生的学习和研究工作条件以及研究生工作的方法等方面提出了一些建设性的意见和建议。《高等学校应重视科学研究》一文中，陈学俊介绍了国内外著名大学在重视科学研究、培养研究生以及科研基地建设方面的情况，力挺科学研究的重要性，呼吁高等学校特别是著名大学应当高度重视。他指出知名大学应该是教育中心，同时也应该是科学研究中心，担负着培养高水平人才和发展科学技术的双重任务。高等学校应重视科研基地的建设，包括研究机构的设置，学术领导人、专职研究人员、技术人员及相应的实验室的配套，以此保证出高水平的人才和科研成果。

在一篇学习党中央关于社会主义精神文明指导方针决议后的心得体会中，陈学俊认真地写下了他在培养研究生方面的理论认识：高等教育必须是有社会主义特色的教育，要德智体美全面培养人才，培养有文化、有道德、有知识、有纪律的为社会主义现代化建设需要的人才；教育、科学、文化在社会主义精神文明建设中具有很高的地位，是非常重要的；教育工作者和科学工作者应当在社会主义精神文明建设中担负光荣而艰巨的使命。

通过对邓小平的讲话精神的学习，陈学俊深感培养高素质人才的艰辛和光荣。“革命事业需要有一批杰出的革命家，科学事业同样需要有一批杰出的科学家。”“科学的未来在于青年。青年一代的成长，正是我们事业必定要兴旺发达的希望所在。”他时常以邓小平的讲话要求和激励年轻教师和研究生，他鼓励年轻一代珍惜大好时光，把精力集中到学习上，既要学习科学技术专业知识，也要学习邓小平建设中国特色社会主义的理论，同时还要重视身体锻炼和文化素质的修养。他要求学生“放眼世界，立足国内，一颗红心，报效祖国”。

多年来陈学俊认真总结培养研究生工作中的思想认识，他写的《思想教育与知识教育紧密结合，培养德才兼备博士生》一文发表在《高等工程教育研究》1999

年第4期上，同年获得陕西省教学成果一等奖。他提出这样的培养方针：思想教育与业务教育密切结合，把培养良好政治思想素质放在首位；建立必要的制度，使思想教育经常化、规范化；建立以学术带头人为首的培养梯队；以学科前沿知识为主导，以国外先进研究水平为目标，鼓励博士生冲刺科技新方向；要高标准，严要求，把牢质量关。陈学俊的这篇文章曾在校内外多次会议上引起重视。

在《关于重点学科的建设和体会》一文中，陈学俊对热能工程重点学科建设和学术成果情况做了整体介绍，根据自己的体会提出了几点建议："学校各级领导要重视，要深入规划重点支持，要重视科研基地建设，要重视深入研究与应用基础研究，要加强国内外学术交流与合作，要提供必要的工作条件和生活条件，留住人才并吸引人才。"

1993年西安交通大学第五届教师代表大会上，陈学俊发表名为《关于学科群的建设问题》的讲话，他明确指出实施"211工程"是发展高等教育的一项战略任务，对培养高层次人才、提高国家综合实力和国际竞争能力以实现我国现代化建设都具有深远意义。为了达到这一目标，学科群建设是重要的组成部分之一。学科群建设就是促进相关学科间的有机结合和渗透，促进新兴学科成长，使高等教育成为培养高层次跨学科的人才、追踪世界科学技术最新发展和解决国民经济中重大综合性科技问题的重要基地。

1994年，美国田长霖教授应陈学俊之邀来到西安交通大学做美国高等教育报告，介绍了美国高等教育背景和发展趋势，一直关注我国高等教育发展的陈学俊更是对田长霖教授的报告做了十分详细的笔记。美国当时的高等教育具有多元发展的特点，学校有私立、州立、公立，大学规模有小有大，学校综合水平参差不齐；学校实施行政与学术分工，即便权力最大的教授会也不得干涉行政；教学与科研形成两个中心；大学生活社会化；国家自然科学基金进行研究资金补助。田长霖教授对未来高等教育发展趋势做出以下评价：民主化，国际化，科技化，多元化，资讯化。田教授的这次报告使陈学俊对我国高等教育发展方向有了新的认识。

在当选为全国政协委员后，他一直关注身边需要解决的问题，联系自己的工作实践，多次提出关于高等教育发展的相关建议。1995年在全国政协八届三次常委会会议上，陈学俊与九三组委员共同提出增加研究生教育经费投入机制及进一步加强高校研究生导师队伍建设和深化职称改革两项建议。先后获得“西安交通大学杰出教授”、“在研究生教育工作中做出突出贡献的博士生导师”等荣誉。

20世纪80年代到21世纪初的20余年，陈学俊经历了他人生中收获成就的金色之秋。他本着“春蚕吐丝”的精神，坚守教育、科研、学术活动的工作岗位，多次受到党中央几代最高领导人的接见与表彰，每次都让陈学俊深感幸福。国内学术交流和出国访问的丰富经验为他赢得从中国到世界的尊重，《陈学俊文集》、《能源工程概论》、《能源工程》等著作的编写出版令他实现了立言的学术理想，培养的一批批优秀研究生成就了他作为一名教师桃李满天下的幸福，“双院士”、“双博导”的光荣成为他勇往直前的精神动力……如今两鬓斑白的陈老依旧努力为我国的科学和教育事业而奋斗，对他来说，再高的成就都是历史，科学研究的未来永远没有尽头。“路漫漫其修远兮，吾将上下而求索。”

1981年访问美国明尼苏达大学机械系并与热传学著名教授爱克特(Eckest)合影

1985年6月在英国伦敦公园内马克思墓前留影

1985 年在莱茵河上与汉诺佛大学校长佩斯特夫妇合影

1985 年陈学俊夫妇应邀赴美国出席国际新能源会议，并在迈阿密市 Kanover 宾馆前留影

第十二章　参政议政　为国为民

陈学俊抱着“一颗红心为祖国”的坚定信念，在进行着繁重的教育、科研、学术活动的同时，还担负着重要的社会政治工作。他是第七、八届陕西省人大常务委员会副主任，九三学社中央委员会副主席，全国政协委员及常委，九三学社中央名誉副主席……但他首先把自己定位为一个普通百姓，始终抱着对党和政府的坚定信念，以国家建设为己任，在能源与环境、经济建设、西部大开发等诸多方面做了不朽的贡献。

20世纪80年代开始，改革开放的春风吹遍大江南北，全国各地的人们纷纷感受到社会已经和即将发生的巨大变化。1980年5月，在九三学社西安分社五届一次全委会上，陈学俊当选为九三学社西安分社常委，并作为代表之一出席了在北京举行的“九三学社为四化服务经验交流会”，做了题为《为四化建设做好本职工作》

的发言，再次开始参政议政的工作。

1982 年，中共十二大在北京隆重召开，邓小平在这次大会上第一次提出了“建设有中国特色的社会主义”的崭新命题，开创了我国社会主义现代化建设新局面。胡耀邦总书记在讲话中明确提出，能源问题是我国新时期经济发展的战略重点之一。这让听到相关报道的陈学俊心中十分激动。还记得几年前在美国参加国际能源替代会议时，与会者对各国新能源开发研究的介绍曾令陈学俊既喜且忧。对新能源的开发意味着整个世界进入了科学技术和工业飞速发展的新时期，而我国自十一届三中全会做出了实行改革开放的重大决策以后，发展势不可挡，但是能源这个在社会变革与发展中十分重要的因

1981 年出席中国科学院院士大会期间受到邓小平等第二代党中央领导人集体接见并合影留念

素并不是无穷无尽的。陈学俊认为，尽管国际学术界已研制开发出不少具有替代性作用的新型能源，但饮水当思源，开发新能源的同时，现有能源的合理使用对于国家发展和环境保护等问题才更为有利。中共十二大的决议令陈学俊久久不能平静，他欣喜自己所学专业与国家相关政策密切相关，回归参政议政工作不久的他又找到了为国家做贡献的新的方向。

陈学俊立刻写下了一篇名为《煤炭的合理使用与提高利用率》的文章，并在长春市举行的中国科学院技术科学部学部委员大会的大组会上做了相关报告。他把目光集中在我国整个能源结构中比重最大的煤炭资源上，提出了一些建设性意见。他认为，尽管我国煤炭资源十分丰富，但工业、交通、发电等与国家经济发展直接相关的各方面对这一不可再生资源的需求都十分迫切，我国应当吸取发达国家过度使用和开采资源的经验教训，未雨绸缪，节约使用能源并提高利用效率，一定能满足经济建设的需要。陈学俊的这篇论文在会上引起了强烈反响，他高瞻远瞩的思想和以国家建设为己任的责任感令在场的专家学者赞叹不已。自此，对能源的关注成为他参政议政事业中一个贯彻始终的主题，多年来只要有机会，他就写文呼吁人们关注节约能源与环境保护问题，他从自己做起，在生活中杜绝浪费，在科研与教学中致力于能源优化使用，在参政工作中考察企业能源使用状况……仅1982年一年他就写了关于节约能源和合理使用能源的论文或报告近十篇。

随着社会经济日新月异的发展变化，20世纪80年代中期开始，我国的科技、教育、文化等各个领域的改革也开始启动，科学技术在社会改革发展中的重要作用愈来愈明显，“科学技术是第一生产力”的提出带来了新的改革气息。陈学俊结合自身的理论学习和工作实践认识到，现代科学技术是新的社会生产力中最活跃和决定性的因素，而高等教育作为为国家提供高科技人才的重要途径必须是有社会主义特色的教育，要德智体美全面培养人才，培养有文化、有道德、有知识、有纪律的为社会主义现代化建设需要的人才；教育、科学、文化在社会主义精神文明建设中具有很高的地位，是非常重要的；教育工作者和科学工作者应当在社会主义精神文明建设中担负光荣而艰巨的使命。

1989年，面对不安定局面，当选为九三学社中央副主席和第七届全国政协常委的陈学俊与西安交通大学工程热物理研究所的全体师生坚持教育与科研工作，坚守工作岗位。陈学俊以一个老知识分子的坎坷经历通过学校广播台对全校学生做了诚挚的讲话，他号召同学们体谅党和人民政府的良苦用心，相信党、相信政府，把精力放在学习上，同心同德建设好我们的国家，而不要被国外反动势力或敌对势力所利用。陈学俊饱含感情的讲话在学生中起到了很好的效果。陈学俊作为九三学社陕西省委主委，旗帜鲜明地与中共中央保持一致，要求九三学社陕西省委机关及在省社会主义学院学习的九三学社社员，坚守工作岗位，维持正常的生活秩序。九三学社省委机关在后来获得陕西省“先进集体”的光荣称号。

1992年，88岁高龄的邓小平同志发表了著名的“南巡讲话”，在此之后，中国共产党第十四次全国代表大会在党的历史上第一次明确提出了建立社会主义市场经济体制的目标模式，改变了过去建立有计划的商品经济的提法，使改革掀起了新一轮的高潮。江泽民总书记在报告中明确指出：“振兴经济首先要振兴科技。”如何改革科技体制达到振兴我国经济的目的成为陈学俊和九三学社每一位社员思考的重点。1993年3月，在全国政协八届一次会议上，陈学俊代表九三学社中央做了题为《深化科技体制改革，加速科技成果商品化和向现实生产力转化》的报告，提出了理解领导体制，加强协调和管理；增加科技收入，用好有限资金；促进技术市场发育；搞好技术引进、消化吸收和创新等建议，还对税收、保险、金融、劳动人事、知识产权等社会热点问

1993年江泽民总书记看望母校时与陈学俊亲切握手

1993年陈学俊在全国政协八届一次会议上发言

题表示了关注。同时，以陈学俊领衔由西北五省区九三学社组织共同起草的《关于开发欧亚大陆桥经济带的建议》，被列为全国政协八届一次会议的重要提案，这项议案提出了进一步加强与其他国家的贸易往来，打开经济改革大门的重要观点，很快得到了国家计委、民委、九三学社中央等单位的高度重视，组织专家进行了专题研讨会。

1994 年 3 月 22 日，应中国国际广播电台之约，陈学俊在华语台对外广播宣读了《让中西部成为中国 21 世纪的希望》一文，文中提出了五点建议：完善新欧亚大陆桥的通道；建立大陆桥在中国境内沿线的经济开发区；把西安、兰州、乌鲁木齐建成新欧亚大陆桥重点经济开发区；要积极开展新欧亚大陆桥经济带社会经济发展战略研究；重视新欧亚大陆桥重点经济开发区的地区资源优势、国土整治及发挥中央与地方两个积极性等。这些建议对当时的社会经济发展具有指导意义，陈学俊说这都是他和九三学社全体社员为中西部发展和国家建设所能做的一些小事，不是他一个人的。

随着国家对中西部地区发展的日益重视，陈学俊深感作为一个多年生活在西部地区的普通人对地区发展的殷切期盼，而自己又有幸拥有为百姓说话的权力，于是他在工作期间不放过任何一个发现群众问题的机会。他常常亲自到企业、单位去考察，每逢佳节，他便代表省人大常委和九三学社省委机关看望和慰问那些为我国社会建设发展做出贡献的同志，他们中有工人、农民，也有知识分子、民主党派人士，很多人比起陈学俊要年轻许多，但是陈学俊从不摆官风官派，也从不自诩德高望重，他平易近人，谦虚友善，主动关心有困难群众的生活疾苦，为他们设法解决难处，与他们探讨社会改革中尚未解决的重大问题，深受尊敬和爱戴。

1999 年 3 月 22 日，《国务院关于进一步推进西部大开发的若干意见》提出了进一步推进西部大开发的十条意见。2000 年 3 月中旬，国务院西部地区开发领导小组办公室正式成立并开始工作。看着这样的一条条消息，陈学俊多年来的希望终于得以实现。从交通大学西迁之日，他就成为为西部做贡献的先驱，关注着中西部地区发展建设，积极响应国家号召，为缩小东西部差距出谋划策。他的多项提案都紧紧围绕西部大开发：是他呼吁全社会重视能源和环保问题；由他提出的《关于加快西线南水北调工程前期工作的建议》，被列入政协重点提案并写入全国政协常委会工作报告中，同时受到国家计委重视，专门在京召开会议重点研究，同意加快工作意见，并列入“九五”规划；《关于加大力度缩小东西部差距》的建议被评为优秀提案；汉江流域梯级水电开发问题、西康铁路建设问题、内陆河水资源合理利用与防治沙漠化、增强农业科技意识以及重视推广农业科技成果等多项议案都寄托着陈学俊对他生活多年的土地的一片情意和对祖国的拳拳之心。

除了对经济发展的高度关注，陈学俊在文化建设等问题上的付出同样让人敬佩。他第一次代表陕西人民政府出席在日本大阪市举行的“秦兵马俑展”时，就明确指出先进文化对促进两国的文化交流和两国人民的友谊长存具有重要意义。陈学俊认为，陕西不仅是秦帝国的发祥地，更是中华文明的发源地，悠久的历史，形成了独特而丰富的文化遗产。日本大阪同样是一座文化名城，两国共同展出的各具特色的文物具有极高的历史、文化和科学价值。文物是人类文明的历史见证，是知识与智慧的结晶，这些珍贵文物的展出不仅能加深两国人民对各国历史、文明和文化的理解，它们所具有的更大价值是能够发展两国人民的友好往来。

在求学时就十分喜欢体育的陈学俊一直希望北京能够成功申请举办奥林匹克运动会，在一次主持接待来西安访问的国际奥林匹克委员会执行委员会的一位女委员时，他与这位拉美籍委员友好地讨论了北京申办奥运会的一些建议。这位热情的委员对陈学俊提出希望北京申奥组织高度重视到北京考察的各国奥委会委员，并且加强与亚洲其他国家的对话交流。她表示拉美国家会支持北京申办奥运会。陈学俊听后立刻将她的建议请北京体院院长转达给中国奥委会申办单位，之后便密切关注申办态势。第一次申办奥运会北京以两票之差输给了悉尼，陈学俊感到十分惋惜，但也感到北京距离申奥成功越来越近。

2001 年 7 月 13 日，在莫斯科召开的国际奥委会第 112 次会议上，中国以 56 票的优势击败四个竞争对手，获得了第 29 届奥运会的主办权。古稀之年的陈学俊在家里早早打开了电视，焦急地等待着，当国际奥委会主席萨马兰奇说出“Beijing”的时候，陈学俊高兴地拍手欢呼，他的又一个梦想实现了，这就意味着中国有了一个了解世界和让世界了解的机会。于是在这之后的每次应邀出访国外，他都更加虚心地学习各国的文化和历史，一有机会便向外国友人介绍我国独具魅力的文化，并邀请他们到中国来，了解改革开放后的中国和热情友好的中国人。

频繁的出访让这位年过 80 的老人操劳奔波，2001 年 11 月，他由于多年的前列腺炎再次复发不得不躺在病床上。陈学俊在住院期间得知，经过 15 年的艰苦努力，我国终于成为世贸组织新成员。当省委和九三学社的同事来看他时，他最高兴的不是别人问候他的病情，而是分享他对于我国“入世”难以掩饰的喜悦之情。出院后，陈学俊又马上学习了有关报告，他说要补上在医院里没看到的消息，他的工作和学习还要继续，这样才能不断进步，才能为国家做更多有益的事。

2004年12月3日，陕西省委老干局和老科协联合召开《西部大开发的先驱》一书出版发行座谈会，这是陕西省老一辈科技教育工作者回忆自身经历的文集。在这部文集中，许多老专家、老教授、老同志从不同角度回忆新中国成立初期及20世纪六七十年代陕西省工农业生产和科教文卫各条战线的发展历程，描绘了当年建设大西北的动人场面。座谈会上，陈学俊作为在政治、科技、教育、文化等多方面为西部大开发做出杰出贡献的学者立刻引起了在场人们的关注，纷纷要求他说说自己的经历，但他却谦虚地说：“半个世纪前的西安，与上海市相比，差距确实很大，各方面的条件确实很艰苦，但西迁的交大广大师生员工满怀豪情，扎根陕西，为支援西北培养人才做出了重要贡献。在座还有不少老同志当时也来到西北，有的到山区，条件更艰苦，都为陕西、为西北做出了重要贡献。至于我个人，只是他们中的一员，只是在党的教育和培养下，做了我应当做的工作，没有什么可说的，今后我将一如既往地努力做好本职工作，继续为陕西、为西北做出应有的贡献。”会场内一片沉静，过了几秒钟，人们才突然想起了什么似的，爆发出热烈的掌声。陈学俊低调和谦虚的形象深深烙在人们心中。西部成为他一生对自己的一个承诺，当人们都只顾着四处张望、寻找理想和目标时，他只是低下头看着自己脚下的路，一步一步向前走，为了心中的承诺默默努力，可以说西部已经融入了他的生活，他属于西部这片土地，更属于西部的人民。

陈学俊历任九三学社第七届中央委员会委员，第八、九届中央委员会副主席；九三学社陕西省第五届委员会常务委员，第六届委员会副主任委员，第七、八届委员会主任委员；全国政协第七届委员会委员，陕西省人大常委会第六届委员、第七届常务委员会副主任。无论是否担任职务，关心国家大事和身边小事都是陈学俊每天生活的一部分。在他的日记中，常常能发现他认真摘抄的国家大事、对“三个代表”重要思想的学习、对“科学发展观”的摘录、对“延安精神”的体会、对和谐社会的理解……身边出现的社会小问题也频频出现在他笔下，餐厅物价的合理与否、友人生活的艰辛、交通的不便……我们不禁疑问，是什么使这位名扬海内外的学者始终不忘科学教研以外的社会发展动态？也许在下面这件事里我们便能够找到答案。1986 年一份特殊的通知送到了陈学俊的手里，至今他仍然清楚地记得这份印着“中共陕西省委组织部陕组通字［1986］60号”的通知上这样写着：“经研究并报请省委，同意陈学俊同志按党员对待。所在党组织可吸收其列席党的有关会议，阅读有关文件，听取党内有关报告。”这不仅是党和国家对他多年来积极响应国家号召，以国家发展为己任的鼓励、认可和赞扬，在他看来，这更是党和国家对他寄予的殷切希望。他说这是党和政府对自己的无限关怀，以国家大事和百姓利益为己任的信念在他心中越加茁壮地成长起来，应该为国家利益和人民利益做更多实际工作。党和国家的需要就是陈学俊自己的需要，因为赤诚是他献给党和国家的永恒的财富。

第十三章　资助学生　放飞希望

1995 年，陈学俊到陕西省安康地区了解当地的教育情况，得知安康地区有很多因为家庭贫困而失学的儿童时，便萌发了资助他们上学的念头。虽然世所公认，中国近十年来经济发展速度很快，陕西省也不例外，但是

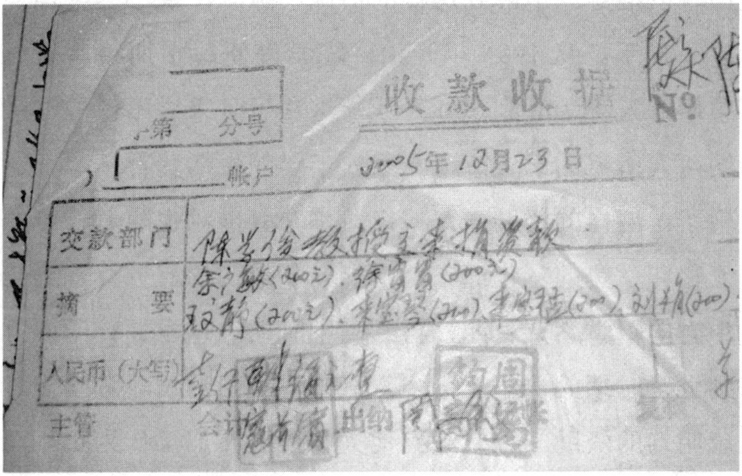
收款收据
第　分号
帐户
2005年12月23日
交款部门　陈学俊教授资助捐资款
摘要
人民币(大写)
主管　会计　出纳

陈学俊资助学生的收据之一

还有很多生活在经济欠发达地区的学生，他们在各种因素的影响下，面临着失学的可能。陈学俊看到这种情况，想起了当年自己读大学时申请“清寒贷金”时的情景，便开始着手资助学生。从这个时候开始，陈学俊以个人名义，每年寄赠一部分钱过去，资助10名左右的学生上学，从他们上小学到初中直至高中或者大学，已经有十多年了。

陈学俊资助时间最长的是石梯小学的唐明笃和唐明杰兄弟两人。唐明笃和唐明杰是安康市汉滨区石梯乡双村人，兄弟两人年幼丧父，母亲赵翠花靠着背沙子含辛茹苦地拉扯两个儿子长大，一家人的房子也因为年久失修而于1997年倒塌，母子三人只得搭了一个简陋的窝棚聊以栖身。了解到这样的情况，陈学俊毫不迟疑地伸出了援手。从1995年开始，陈学俊便每学期给唐家兄弟俩每人寄300到500元钱，这在当时来讲不仅能够缴纳两人所需的学费，连一家人半年的生活费都基本上够用了。这样的资助一直持续着，并且金额也随着物价的变化和学费的变化而不断增加，从最初的三五百，到初中时的每学期八百元，再到高中时期的每学期一千，再到大学时期的一年七千多，从来没有间断过。陈学俊对唐明笃的资助一直持续到他大学毕业参加工作为止，而对唐明杰的资助也一直持续到他高中毕业参加工作才停止。在陈学俊的帮助下，唐明笃兄弟的生活发生了巨大的变化，唐明笃高考考上了西安航空技术学院，毕业后到上海一家净化科技公司工作，当时月薪已经有三千多了。弟弟唐明杰高中毕业后便去了深圳工作，后来回到安康，用几年积攒下来的钱在安康市开了一个家电维修的店面。

兄弟两人每每说到上学的事，总是满怀感激，说："如果没有陈爷爷，我们现在肯定是和很多失学的孩子一样，没有文化，只能靠出卖自己的廉价劳动力来勉强维生。"现在兄弟俩用工作挣得的钱在双村盖了一幢新楼，红墙红瓦甚是漂亮。哥哥唐明笃工作认真，踏实勤

2006 年陈学俊在家中与受助学生唐明笃合影

受资助学生唐明笃、唐明杰兄弟新建的房子

奋，结婚前唐明笃表示：“如果陈爷爷有空的话，我一定要带着我的爱人去看他。是他给了我上学的机会，给了我摆脱贫困的机会，也是他给了我寻找幸福的机会。我衷心地感谢陈爷爷，没有他，就没有我的今天。”

除了唐明笃兄弟俩，陈学俊还资助了很多石梯小学和石梯中学的孩子，并且是长期不间断的。

在陈学俊的帮助下，很多面临失学或者已经失学的孩子们又重新回到了学校，开始了他们知识改变命运的努力。孩子们对这来之不易的学习机会十分珍惜，他们都在努力学习，用勤奋来弥补自己的不足。孩子们在学校接受着良好的教育，一个个都养成了善良淳朴的美好品性，心怀感恩心情面对社会。逢年过节，孩子们总是会寄来厚厚的信件，或者是祝福的卡片，用他们最淳朴的行动来表示他们对陈学俊无私资助的感谢。

正值2006年元旦佳节来临之际，石梯中学八（2）班的徐雷雷给陈学俊和袁旦庆寄信过来表示感谢，她说："您们的资助金我已经收到了，谢谢你们二位热心老人的救助。在我最困难的时候，是你们伸出了援助之手。在你们的帮助下，我一定会更加努力地好好学习，以报答您和学校给予的关怀。我今年16岁了，我相信有志者事竟成，我的英语成绩是全班第一。我以后会更加努力把英语学好的，等期末考试结束，我会把成绩汇

石梯中学的新教学楼，陈学俊在此资助十多名学生

报给你们。”并祝两位老人在数九寒冬的日子里保重身体。徐雷雷的懂事和体贴像寒冬里的小火炉一般给两位老人带去了温暖，也让陈学俊觉得自己当初资助学生的举措是对的。

陈学俊资助的另外一名学生来宝琴也用写信的方式来表示她对陈学俊的感谢。来宝琴 3 岁起便相继失去了父母，全靠 70 多岁的奶奶抚养长大成人。然而家庭的不幸并没有让这个女孩绝望，来宝琴对生活充满了热爱，是一个热情奔放的女孩子。对于陈学俊的资助，来宝琴倍加感谢，并在信中流露出对生活的热爱和对未来的憧憬。在信中来宝琴写道：“元旦即将到来，在这里我祝爷爷奶奶元旦快乐。我已收到了您寄来的资金，此时我真的非常非常高兴。在这里我深情地向爷爷奶奶说声‘谢谢了’。因为我从开始上学的那天起，就有了一个远大的志向，那就是当一名名副其实的数学家。后来又因为我家的情况，让我觉得这个志向已经没有多大希望了。但是现在在爷爷奶奶的帮助下，我又重新燃起了这个志向。这是您二老给我的希望。我一定要好好学习，实现我的理想，绝不辜负您二老对我的期望。”来宝琴还说：“在今后漫长的学生生涯中，我一定会坚持下去，做学习上的强者。因为在我心中已经有了一颗种子，在慢慢地发芽。这颗种子就是希望的种子，是我对未来憧憬的种子。我爱生活，爱你们，爱所有支持我的好心人，是你们给了我生活的勇气。”来宝琴的热情让陈学俊夫妇倍感欣慰，也为这个女孩子的坚强不屈而叫好。来宝琴最后说道：“谢谢爷爷奶奶，我会一生感谢你们的。你们在一个14岁的女孩最无助的时候伸出了援助之手，你们就是我心目中的太阳，让我温暖。谢谢你们。”

汉滨区石梯初中一年级的于广敏家住在石梯乡叶沟村三组，家里有七口人：爷爷、奶奶、父亲、母亲、两个妹妹、一个弟弟以及她自己。一家七口挤在四间小瓦

2008年，陈学俊资助的部分学生、家长、教师在石梯中学合影

房里，其中还有一间是厨房，拥挤不堪。2004年正月的时候，于广敏的妈妈突然病倒，在医院住了半个多月才回来，并留下了后遗症，不能下地干重活。于广敏的爷爷有严重的胃病，隔一阵子就疼一次，不能从事农业生产。家里的主要经济来源就是种庄稼和父亲跑摩托车出租。看到父亲一天比一天消瘦起来，于广敏的心里非常不是滋味。陈学俊的资助为这个贫困的家庭带来了一丝光明，于广敏非常感谢这个素昧平生的爷爷的资助，并写信说："我们虽然没见过面，但是您们能帮助我，我非常感谢您们，我代表我和我的爸爸妈妈向您郑重地说一声谢谢。"朴实的话语表达了这个女孩子最淳朴的感情，也让陈学俊感到自己的这些工作是多么的有意义。

陈学俊资助的学生陈贵奇写信过来说："您资助我的钱我已经收到了，我在这里很感谢您对我的资助。"陈贵奇还说："我们虽然没有见过面，但是我听说您曾经帮助了很多的学生，让他们走向了成功的道路。就凭这一点，我想您一定是一个受人尊重的人。我的理想是，能考个重点大学，将来为国家做出贡献。在这里我希望您能帮助我完成这个愿望，我绝对不会让您失望的。"陈贵奇还十分懂事地说："元旦快来了，我没有什么礼物可以送给您，我只能在这里送您一个祝福，祝您过一个好年，祝您在新的一年里更快乐，更精神。"没有什么比孩子们的祝福更温暖老两口的心了，捧着陈贵奇的信，老两口凑在一起仔细地阅读着，不时露出会心的微笑。

刚上初一的来宝猛写信过来说："临近元旦了，我想先向您二老问声好，祝福您二老在元旦期间，玩得愉快高兴，合家团圆，在新的一年里身体健康，万事如意。"来宝猛对陈学俊的资助表示衷心的感谢，他说："谢谢您对我的关切，谢谢您对我学习上的资助。对于您的资助，我十分激动，对您充满感激。现在，您资助的钱我已经收到了，我心中的感激之情更加激荡了。虽然我们从未谋面，身隔千里，但是我会永远祝福您二老的。对于您的资助，我是不会辜负的。我会发奋努力学习，上完中学。我希望将来自己能考取好一点的大学，甚至是重点的大学。不管如何，我都会坚持学习的。"陈学俊也衷心地祝愿这个懂事的孩子能学有所成，并表示只要来宝猛愿意继续读下去，陈学俊就会一直地资助他，不管是上大学还是上研究生。

石梯中学的刘娟来信说："非常感谢您对我的资助。请您老人家放心，您给我寄的钱我已经收到了。这一次您给我寄的钱就像是雪中送炭。在您的帮助下，我会更加努力地学习，除了在学校做一名合格的中学生之外，我希望将来也能成为像您一般伟大的人。陈爷爷您对我学业的资助，我告诉了我的父母之后，他们也对你表示崇高的敬意，同时也非常感谢您，父母对我的学习也更加重视。我会更加珍惜这次的学习机会，加倍努力，考出一个优异的成绩，来报答您对我的期望。”刘娟朴实的话语中饱含的感激和懂事让陈学俊和袁旦庆为之动容，陈学俊也真诚地祝她学习进步，将来能做一个有出息的人，一个对社会有贡献的人。

学生冯文芳也写信对陈学俊的无私资助表示感谢，她说：“我代表我们全家向您表示衷心的祝福，祝愿您在新的一年里身体健康，万事如意。我们没有别的方式，只能写信表示我们对您的感激之情，我深信您将永远受到青少年的崇敬和爱戴，您的奉献精神值得我们永远学习。”冯文芳是一名很有思想的学生，在信中她写道：“时间像流水一般逝去，转眼间我已经在这所学校学习快两年了。我本以为五年的学校生活很漫长，很艰难，但是现在我倒是觉得太快了。我知道以我现在的水平，即使是出了社会也很难立足，但是考虑到家庭的经济情况，我曾多次向父母提出了只上三年便外出打工挣钱的想法。我原以为他们会同意我的想法，但是他们却反对我，告诉我中专毕业没有出路，多学点知识，即使将来真的要出门打工，也会强很多。再者，在我们的背后，还有那么多关心我们帮助我们的人，还有无私地给予我们物质资助和精神鼓励的陈爷爷。听了这些，我什么话也说不出来了，我还有什么理由放弃自己呢？既然选择了这条道路，就一定要坚定不移地走下去。我一定会珍惜现在所拥有的，用实际行动让自己过得更充实一点，用知识来改变自己，不然，我将如何去面对那些关心我帮助我的人呢？我知道自己不能和别的同学相比，但我觉得那并不是最重要的。我深信‘人穷志不穷’的道理，所以我一定会专心学习。因为当今社会人才的竞争非常激烈，只有努力学习才会有出息。我自幼胆小怕事，无论干什么事情都是缩头缩脑的。但现在这种自卑的心态是行不通的。”冯文芳的这些话代表了很大一批被资助学生的心态。他们由于条件差，受教育的程度也比较低，基础普遍都比较弱，自卑心理也比较严重。这样的情况是资助过程中的一个难点，也是一个盲点。陈学俊也察觉到了这个问题，所以他在给予这些孩子物质资助的同时，也给予他们尽可能多的精神鼓励，努力帮助他们改掉身上的一些缺点，努力帮助他们去掉心里的自卑感。在年迈行动不便的情况下，陈学俊经常委托其他老师前往安康看望这些被资助的孩子，了解他们的学习情况和生活情况，倾听他们的心里话，给了这些孩子很大的精神鼓励。对于这一点，冯文芳铭记在心，她说：“我正在努力改掉自己的这些缺点，无论未来如何，但我现在必须尽到自己最大的努力，做到问心无愧。是你们用爱心汇聚成的一股暖流，为许多贫穷落后的学子圆了上学梦，把我们送进了知识的海洋，让我们的未来和成功都与你们紧紧联系在一起。我会永远记住你们的爱心，记住你们的关怀。”

第十四章　伉俪情深　风雨同行

2008年4月18日，天空下着绵绵细雨，在西安一家普通的饭店里，响起了一首令人熟悉的《婚礼进行曲》。伴着主持人“相依相伴，风雨同舟，坚如磐石，爱同沧海，前世今生，牵手走过，神仙伴侣，日月同辉”的祝词，两位身着大红色唐装的老人相互搀扶着出现在众人面前，立刻引起一阵经久不息的掌声和真诚的祝福声。原来不知不觉中，陈学俊与袁旦庆这两位老人已经携手走过了65个春秋，这一天是他们的结婚纪念日。

一段名为《幸福的牵手》的短片回顾了两位90岁高龄的老人相濡以沫的65年。从刚刚结识时的相互欣赏，结婚后的相知相伴，到分别时的依依不舍，团聚时的喜极而泣，再到支持西迁时的毅然决然，为共同理想而奋斗的默契，晚年生活的幸福甜蜜，风雨兼程，有苦有甜。当两人颤抖的双手紧握在一起，共同切下婚庆蛋糕的那一刻，庆典被推向高潮，两张苍老的面孔展现着格外灿烂的笑容，每位到场的亲朋好友无不为之动容。

还记得65年前，两人合唱着一首《婚礼进行曲》步入婚姻的殿堂，两颗年轻的心因音乐结缘，为了共同的目标走到一起。陈学俊与夫人袁旦庆经历了出国深造，孩子出世，回国工作，艰难抉择，交大西迁和三年自然灾害，不管是多大的磨难，袁旦庆始终陪伴在丈夫身边。1963年，夫妇俩回到了当初见证他们爱情的圣地——重庆沙坪坝松林坡，这次故地重游令刚刚熬过三年自然灾害的二人感慨万千。往日两人学习和生活过的大学所在地已经成为了重庆大学的教授住宅区，当年举行婚礼的青年馆也不复存在，过去那些见证他们爱情的地方都变了样，沙坪坝已经成为一个规模不小的市镇，但此时生活在这里的人们逐渐改善了饥饿困窘的生活状态，也不再为了躲避日军轰炸天天钻防空洞。

还记得1944年，新婚一年多陈学俊被公派出国，即将分娩的袁旦庆坚决支持丈夫的学习，挺着大肚子送陈学俊上了飞机，一人扛下了工作和抚育幼儿的重担。三年后，学成归来的陈学俊最大的幸福就是在码头见到了深明大义的妻子和叫着“爸爸”跑到他面前的儿子士林。

为了继续支持丈夫的工作，袁旦庆放弃了陈学俊为她在美国普渡大学电机系申请到的带助教奖学金的留学机会，留在上海，在生活上照顾家庭，在事业上与丈夫齐头并进。解放前夕的上海物价飞涨，纸币大幅贬值，国民党兵败如山倒，上海面临解放的气息越加浓厚。遵照父母之命，袁旦庆带着两个儿子陈士林和陈士森去了台湾。在对局势冷静的思考之后，陈学俊将妻子和儿子重新接回了上海，一起迎接上海的解放。短暂的分离使两人更深地体会了相依相伴的幸福。

1957 年的 9 月，袁旦庆毅然收拾了在上海的全部家具及行李，与陈学俊一起带着四个孩子坐上了第一批交通大学基础技术课与专业课教师的专列，来到了十三朝古都——西安。自此，陈学俊和袁旦庆便在这片土地撒播了终生的希望和追求。

转瞬间就到了 1983 年的 4 月 18 日，陈学俊已经与夫人走过了婚姻的第 40 个年头。这过去的 20 年中，夫妻俩经历了人生中巨大的考验和起伏。他们面对“文革”时期的种种隔离和迫害，没有放弃理想，不约而同坚持着报效祖国的赤诚之心，互帮互助，互勉互励，互信互尊。得到平反后，夫妻俩立刻投入到新的工作和学习中。历史的残酷并没有浇熄他们的爱情之火，两个人经受了磨人的历练后，心贴得更近了。陈学俊的事业蒸蒸日上，袁旦庆的工作也深受学生好评，她讲课学生都很喜欢听，她还翻译了一些国外相关著作，在工作和科研上都取得了不菲的成就。这20年中，夫妻俩频频出席各种学术会议，纷纷发表学术论文，不仅在生活中相互依靠，也暗暗在工作和学习上“较劲”竞争。1983年，一本由二人合著的《能源工程概论》顺利出版，不仅纪念着他们40年婚姻的风雨征程，更是他们将赤诚之心奉献给祖国的最佳佐证。“元旦元宵同庆佳节，机械电机共志工程”这副陈学俊曾经写下的对联，是这对学者夫妇多年来爱情与工作的座右铭。

1993年4月18日金婚纪念日——在西安的全家9人合影留念

1996 年，对陈学俊来说是喜事不断的一年。在交通大学建校 100 周年的大喜日子里，他被西安交通大学授予“杰出教授”光荣称号，又被选为第三世界科学院院士。1996 年获得了何梁何利基金会科学与技术进步奖，奖金 10 万元人民币，陈学俊将此款分赠给西安交通大学设立研究生奖学金及作为安康希望工程的基金。这一年，让人们更深地记住的是，《人民日报》（海外版）、《陕西日报》、《西安晚报》、《新民晚报》等多家报纸报道陈学俊与袁旦庆两位老人被评为全国十佳金婚佳侣之一的消息。1996 年可说是四喜临门。

1996 年陈学俊夫妇被评为全国金婚十佳之一

2003年，这对做出杰出贡献的夫妇迎来了他们钻石婚的纪念日，照片上的夫妻俩平和而又幸福。在他们60周年钻石婚纪念日的那一天，儿女们为父亲和母亲准备了温情的庆贺礼物，还于第二天在他们曾经住过的宿舍前拍下了二老幸福甜蜜的瞬间，在国外的女儿也打来电话祝贺他们。回想起两人由初识到相恋，再迈入婚姻的殿堂，经历的风风雨雨难与他人言说，然而无论什么时候他们都依偎着对方，不离不弃。相濡以沫的感情使陈学俊和袁旦庆已经满足于相依相伴，无论出国进行学术交流，还是在国内参加学术活动，陈学俊都习惯袁旦庆的陪伴，因为他们二人的感情不只是单纯的爱情，还有一份在学术工作上的理解、帮助和鼓励。

2003年4月18日陈学俊夫妇结婚60周年，在住所楼前合影

如今，他们有了自己的子女，孙子、孙女，甚至是重孙，他们的后代成为两人爱情层层加固的最有力的见证者。这对早被人们传为佳话的夫妻，还在为他们幸福甜蜜的生活不断注入新的生命力。在黄昏时分，你常常还能见到一对鹤发苍苍的老人手牵着手相依相偎，在校园内漫步闲聊；西安兴庆宫公园中，往往有一对银发苍苍、精神矍铄的身影；离住处不远的肯德基餐厅抑或是德克士餐厅也会出现两位特殊的“摩登”老人。对于他们来说，相互厮守着对方慢慢变老，便是世上最幸福、最浪漫的事了。他们俩之间没有太多的轰轰烈烈的故事，有的只是流水一般绵延不绝的淡定；他们没有花前月下的海誓山盟，有的是尽在不言中的默契；他们没有奢华的定情信物，有的只是两颗纯洁热烈的真心……

2009 年 3 月 5 日，陈学俊与家人欢庆 90 寿辰

第十五章　著书立说　影响深远

子曰："大学者，立德之处所；惟有先立德，才可立功；立德立功，方有立真言之力。"在近七十年的科研教学生涯中，陈学俊可谓是这一理念的实践者。20世纪40年代，他放弃国外优厚待遇毅然回国，在此后的六十多年里，他先后创建了我国高校中第一个锅炉专业，在国际上率先研究了下降流动的截面含汽率，1964年研究了弯管中两相混合物流动特性，在国内首先倡导发展超临界压力机组，成为我国锅炉专业、热能工程学科的创始人之一、两相流与传热的理论研究这门新学科分支的奠基人。此外还坚决拥护交通大学西迁，长期资助贫困山区的教育事业，做到了"立德"、"立功"。一个人只有"立功"、"立德"才能"立言"，另一方面，要想做出更大的贡献也只有通过"立言"才能影响更多的人。

1947年，陈学俊回国，在中央工业实验所热工实验室担任主任，同时在交通大学兼任教授。当时的交通大学使用的教材全部是耶鲁大学、麻省理工学院、哈佛大学所编的英文书，陈学俊来到交大后，决心要改变这种培养高级人才的大学讲堂里没有本国文字教材的状况。在他看来，在中国的大学里，没有一本用本国文字——汉字编写的教材，是非常不合理的，甚至是一件耻辱的事情。

1946年初在美国普渡大学学习期间，燃气轮机刚刚问世不久，他利用学习之余广泛搜集关于燃气轮机方面的资料，凭借多年的研究以及敏锐的眼光，他马上意识到这是动力机械和航空动力发展的重要方向。归国后，他把在美国收集的资料整理消化，再加上自己多年的从业经验，专著成书，编写出了《燃气轮机》。这本书于1949年问世，是我国第一本燃气轮机教材，当时在国际上也非常少见。1985年瑞士苏黎士高等工业大学气动力学专家苏特教授看到陈学俊20世纪40年代出版的专著大为惊奇，连声称赞：你还是燃气轮机方面的先驱者！1948年，陈学俊还在上海创办了国内第一个热能动力方面的刊物《热工专刊》，这一刊物为当时的国内外学术交流起了重要的作用，促进了工程热物理学的发展。1948年至1959年的11年内，他着手编著了我国动力工程的成套书籍，陆续出版了《燃气轮机》、《实用汽轮机学》、《蒸汽动力厂》、《锅炉学》、《锅炉整体》、《锅内过程》等 10 部专著及材料共计 280 万字，另外，他还翻译了热工学理论基础、锅炉设备等方面的专业书籍 120 万字。这些著作成为我国动力工程界的重要技术参考书，也是培养我国动力类专业高级人才的教材。

部分著作，其中包括《燃气轮机动力厂》、《燃气轮机》、《锅炉整体》、《锅内过程》、《锅炉原理》、《两相流与热传——原理及应用》、《陈学俊论文集》

随着科技的发展，在传热学和流体力学基础上发展出一门新学科——多相流体力学和传热学，广泛应用于动力、化工、石油开采、核电以及环保等各个方面。陈学俊从 20 世纪 50 年代起，就已经开始从事这一领域的研究工作，是我国这一学科的奠基人。十年动乱期间，原有的试验台被拆，高压试验台的建立被无限期推迟，高压水泵等设备被调走。陈学俊并没有被这些所吓倒，他不畏艰难、不怕挫折、坚持不懈，在他的领导下，1977年以来陆续恢复了水—空气试验台，建立了氟利昂试验台以及高压水蒸汽试验回路，后者是国内唯一可以工作到临界压力至超临界压力的试验台装置，在国外高等学校中也属罕见。陈学俊长期坚持以汽液两相流与传热为主的科研方向，在他的领导和直接参与下，取得了一系列的重大科研成果，为我国火电、核电、化工及石油工业做出了重要贡献，其中管内两相流动与传热研究在1986年经国家教委科技司组织的中外专家评审，被一致认为属国际领先水平。陈学俊根据多年的研究以及长期的实践经历，编写出了《两相流与传热——原理及应用》、《多相流热物理学》、《气液两相流与传热基础》，这些书成为我国两相流及多相流领域的经典著作。

到1999年为止，陈学俊共发表论文250余篇，包括以下在中外一级刊物发表的100多篇论文：

《螺旋管蒸汽发生器的流动与换热特性》；

《煤炭的合理使用与提高煤炭的利用效率》；

《螺旋管内汽水两相流流型转换的研究》；

《管内汽水两相流流型转弯特性的研究》；

《射流对冲搅拌式高强度煤粉燃烧器的研究》；

《高压汽水两相流孔板测量的研究》；

《内螺纹管高压汽水两相流摩擦压降特性研究》；

《管内汽液两相流动摩擦阻力的实验研究》；

《应用瞬态流动技术测量双排叉排孔气膜冷却特性》；

《应用电导探针测量两相流平均截面寒气率和试验研究》；

《立式螺旋管内汽液两相向下流动的流型及转化特性》；

《螺旋管内汽液两相流和传热特性研究》；

《垂直U形沸腾管传热特性研究》；

《近临界压力区内螺纹管传热特性的研究》；

《业临界压力自然循环锅炉水冷壁光管和内螺纹管两相流阻力特性试验研究》；

《筛孔板漏液规律的研究》；

《卧式螺旋管内油汽水三相流流型的实验研究》；

《管内汽液两相环状流转变的机理研究》；

《卧式螺旋管内汽液两相流界面泡状流转变的理论预报模型》；

《方管内汽液两相流动统计特性分析》；

《气液两相流界面波非线性稳定性分析研究》；

《氟利昂R-13在水平管束管外池沸腾实验研究》；

《水平沸腾管束沸腾后实验研究》；

《大型合成氨（含尿素）设备氨气汽提管内汽液特性的研究》；

《螺旋管内汽液两相流中二次流的研究》；

《垂直下降管内汽水两相流截面含气率》；

《卧式螺旋管压力降脉动瞬态及时均传热特性研究》；

《高温气冷堆蒸汽发生器两相流不稳定性预报》；

《螺旋管内高压汽水两相流不稳定性实验研究》；

《平型管内汽液两相流不稳定性的多变量传递规律模型分析》；

《卧式螺旋管内非牛顿流体流动沸腾的壁温工况和临界热负荷》；

《超临界压力锅炉蒸发受热面动态数学模型及压力响应特性》；

《卧式螺旋管内烧干特性》

《600MW 变压运行直流锅炉水冷壁内螺纹管内壁换热特性的研究》；

《卧式螺旋管式蒸汽发生器管内沸腾恶化的实验研究》；

《垂直管内汽水两相下降流动和上升流动时的沸腾传热特性》；

《降膜蒸发管内液体带及传热恶化特性研究》；

《垂直下降沸腾管两相流传热恶化特性研究》；

《内螺纹管两相流沸腾传热和摩擦阻力特性的实验研究》；

《U 形蒸汽发生器模型化与动态仿真》；

《200MW 模块式高温气冷反应堆蒸汽发生器设计》；

《双排叉排孔气膜冷却特性研究（一）传热系数（二）绝热有效温比》；

《管内汽液两相流摩擦阻力的实验研究》；

《垂直下降沸腾管的壁温工况》；

《油气水三相流流量测量的研究》；

《非线性二维稳态导热反问题的一种新解法》；

《水平矩形管内汽液两相流界面波特性》；

《卧式螺旋管内紊流传热》；

《水平管泡状流分布特性》；

《单相受热管动力学模型》；

《螺旋管内油—水液液两相流流型》；

《空气水两相流压力波动现象非线性分析》；

《*Determination of the void fraction in helical coiled tubes*, 1986》；

《*An investigation of gas-liquid two-phase secondary flow in helical coils*, 1988》；

《*Two-phase distribution in branch pipe*, 1988》；

《*Forced convection boiling and post-dryout heat transfer in helical coiled tube,* 1986》;

《*Critical heatflux inhelical coils,* 1987》;

《*The critical heat flux in horizontal straight tube,* 1988》;

《*experimental research on pressure drop type oscillation in medium high pressure system,* 1988》;

《*crude oil-natural gas-water three-phase flow meter,* 1988》;

《*An investigation on flow pattern and friction pressure drop characteristics of air-water two-phase in helical coils,* 1982》;

《*The frictional pressure drops variation along tube length of air-water two-phase flow in helical coils,* 1985》;

《*An investigation of air-water mixture through angle pipes,* 1981》;

《*A theoretical model for the prediction of void fraction in two-phase channel flow,* 1988》;

《*An experimental study of boiling flow in stability in a tube,* 1988》;

《*The effects of unequal heating power an inlet restrictions on density wave instability of a parallel channel system,* 1988》;

《*Using orifice to measure mass velocities or qualities of high pressures steam-water mixture,* 1988》;

《*Two-phase flow thermal instabilities in a vertical boiling channel,* 1988》;

《*Subcritical pressure steam-water two-phase flow measurement with sharpedged orifice,* 1988》;

《*Experimental and numerical study on film-cooling of two-staggered rows of holes,* 1989》;

《*Analytical modeling of Two-phase flow instability in parallel boiling channels,* 1990》;

《*The steam-water two-phase flow patterns and their transition characteristics in horizontal helically coiled tubes,* 1991》;

《*Boiling heat transfer, smooth and ribbed tubes at sub-critical and near-critical pressure,* 1992》;

《*On the bubble departure diameter for pool boiling,* 1990》;

《*A new solution for bubble growth in uniformly superheated liquid,* 1991》;

《*An investigation on density wave oscillations,* 1991》;

《*An investigation on film-cooling effectiveness and*

heat transfer coefficients of two-staggered row technique, 1990》;

《*Vapor-water two-phase flow frictional pressure drop in helical coiled tubes,* 1998》;

《*Flow patterns and pressure drop in oil/water/air three-phase flow through helically coiled tubes,* 1999》;

《*transient convective heat transfer in a helical coiled tube with pulsatile fully developed turbulent flows,* 1998》;

《*Transient and time-averaged boiling heat transfer of the oscillatory two-phase flow in helical coils,* 1999》;

《*Non-uniform heat transfer in helical coils tube steam generators,* 1997》;

《*Critical flow in convergent divergent nozzles with cavity nucleation nuclear model,* 1997》;

《*An experiment investigation on the interfacial waves in air/water two-phase flow within horizontal pipelines,* 1997》;

《*Detachment size measurement of two interacting bubble plumes formed at neighboring needles using an acoustic method,* 1999》;

《*Interfacial wave patterns and their transitions in gas-liquid two-phase flow through horizontal ducts,* 1998》;

《*Phase distribution in horizontal gas-liquid two-phase bubbly flow*, 1999》;

《*Forced convection boiling heat transfer and dry-out characteristics in helical coiled tubes with various axial angles*, 1998》;

《*Flow instabilities and transient convective heat transfer in a helical coiled tube with pulsatile steam-water two-phase flow*, 1999》;

《*Statistical characteristics of interfacial wave in horizontal two –phase rectangular flow*, 1998》;

《*Density wave oscillation in a closed-circulation helical coiled tube reactor steam generator*, 1999》;

《*Statistical characteristics of the interfacial waves in horizontal gas-liquid two-phase stratified flow*, 1998》;

《*Frequency characteristics of noise from a gas-liquid sprayer*, 1998》;

《*Local measurement of gas-liquid bubbly flow with a double-sensor probe*, 2000》;

《*A solution to the two-dimensional inverse heat conduction problem*, 2000》;

《*Flow pattern of oil-water liquid-liquid flow in helically coiled tubes*, 2000》。

2002 年，陈学俊已是 83 岁高龄，他仍在坚持不懈地工作，与夫人袁旦庆合著了《能源工程》一书（西安交通大学出版社 2002 年出版）。他认为，我国是一个能源丰富的国家，以水力资源和煤炭为例，水力资源约为 6 亿多万千瓦，居世界第一位，如果 50% 可供经济开发，就有 3 亿多万千瓦。煤炭储量约为 6000 亿吨，居世界第三位。然而，我国虽然地大物博，但人口众多，人均占有量只有发达国家的 10%～15%，而且能源结构中以煤炭为主，环境污染问题相当严重。此外，我国每万美元国民生产总值能耗为世界之首，为发达国家的 4～6 倍，甚至是印度的 2.2 倍，产品能耗平均为发达国家的 2 倍，使用能源的设备效率要低 10%～40%，因此，为了经济的持续增长，在增加能源生产的同时，必须提高能源的利用效率。首先要发展水电、核电、风能、太阳能、潮汐能、生物质能等新型能源，以使我国能源结构优化，解决能源资源分布不平衡的问题；其次要改进设备，提高能源的利用效率。此外，他还发表了《统一战线的深远历史意义和重要现实意义》（发表于《西安交通大学统战工作论文集》）、《沿着有中国特色的社会主义道路前进》（发表于《民主与科学》）、《为科教兴国做出贡献》（发表于《交大统战》）。

陈学俊不仅是一个科学家，他还是一个教师。在 60

多年的教学实践中，他总结出了一系列的教育思想。他认为随着教育体制改革的不断深入，我国高等院校在教育思想、教学体制、教育内容和教育方法等方面进行了积极有益的探索，取得了不小的成绩，但也有一些问题亟待解决：第一，要加强高校学生的道德教育和思想教育，把德育教育、爱国主义教育与业务教育紧密结合起来；第二，要增加对高等教育的投入，增加学生教学实践活动经费，提高标准，专款专用；第三，高等院校的专业设置要适应经济建设发展和改革开放的需要，重视高校科研机构的设立和健全发展，并为科研成果转化成物质生产力创造必要条件；第四，要加强高校教师队伍建设，加强培养中青年教师，有计划地培养出一批青年学科带头人；第五，要逐年增加高校科研经费及国家自然科学基金，使得基础研究、应用研究和技术开发各得其所；第六，要重视培养德才兼备的研究生，培养出有理想、有志气、有创新能力、勇于坚持的研究生。

在培养人才方面，陈学俊有着很深的理解。科教兴国战略的最终实施靠的是人才，而培养人才，教育是基础，应充分发挥高等教育在培养人才方面的作用，造就大批德才兼备的人才。当今的科技发展可谓是日新月异，知识经济成为产业的一个重要组成部分，高科技领域的每一个突破，都会带动一批产业的发展。没有一个时代比这个时代更需要人才。高素质、高层次人才应当具备以下基本要求：第一，应当有远大理想，只有拥有了远大理想才能有正确动力，才能坚持不懈地努力学习和工作，虽然每个人的奋斗目标各有不同，但是必须符合祖国和人民的利益，必须是个人利益和国家利益的统一；第二，作为优秀的大学生还应当具有现代化的科学文化知识，要了解本学科的前沿知识；第三，要勇于探索、敢于创新、善于思考，学好最基本最核心的知识当然重要，获取新知识的方法和能力同样重要；第四，要重视德育，“大学之道，在明明德，在亲民，在止于至善”，一个人必须拥有正确的世界观、人生观、价值观才能为人民服务。此外还要具备一些音乐和文学方面的素养。

陈学俊从业六十多年来，真正做到了“立德”、“立功”、“立言”。岁月如歌，从清晨走到黄昏，从黑发走到白头。无论是在风华正茂的年代，还是在耄耋老年的日子，无论是在成功辉煌的岁月，还是在平平淡淡的时候，陈学俊都以对生命的敬畏之心，在他所热爱的领域里留下坚实的足迹，在他不断前行的路上，弹奏着事业和生活的协奏曲。

第十六章　甘为人梯　桃李天下

每年的教师节，陈学俊都会收到来自海内外学生的祝福，说他桃李满天下一点都不过分。

令陈学俊自豪的不仅有沉甸甸的重大科研成果，还有遍布天下的桃李。60 年来，陈学俊亲自教过的大学生有 2500 多人，指导的研究生 44 人，培养了大批热能动力及锅炉专业人才，他们中的绝大多数已经成为我国动力工业以及许多设计院、电厂、锅炉厂的领导和骨干力量，不少成为有重要贡献的专家、教授，有的成为国家级有突出贡献的中青年专家，有的成为大学里卓有成就的博士生导师，其中有 6 位更是当选为中国科学院或中国工程院院士。

1944 年 8 月，怀揣着工业救国的理想，陈学俊来到美国实习考察，后在普渡大学学习，仅用一年的时间就顺利拿到了硕士学位。导师极力劝说他留在美国，当时二十七八岁的陈学俊一心想尽快学成归国、改变祖国工业落后的面貌，他毅然放弃在美国的优厚待遇，于 1947 年春回到了祖国，任职于上海中央工业实验所。同年 10 月，被聘为交通大学机械系兼职教授，讲授电机系电力组四年级的蒸汽动力厂课程，每周 6 小时。从此，陈学俊开始了他长达 60 多年的教师生涯。

上海解放后不久，社会经济秩序迅速稳定，社会政治面貌焕然一新，陈学俊对中国共产党充满了敬佩。

1949 年 10 月 1 日，毛泽东主席在北京正式宣告中华人民共和国成立了，中国人民从此站起来了。然而，由于经过了四年的解放战争、八年的抗日战争、长年的军阀混战以及帝国主义的入侵，刚刚成立的新中国满目疮痍，百废待兴。

陈学俊认为，发展经济要以教育为本，国家要想富强就必须发展工业，而发展工业就必须要有大批的专门人才。于是，陈学俊决定到高等院校专心教书，而且这也符合陈学俊的志趣。1950 年春夏之交，陈学俊选择了交通大学，实现了他在 1935 年考大学时的愿望，不过不同的是，这一次是以老师的身份来到了交通大学。与此同时，1949 年到 1951 年期间，陈学俊还在大同大学兼任教授，同样教授蒸汽动力课程。

1952 年，陈学俊在交通大学负责筹建了我国高校中的第一个锅炉专业，1956 年第一届毕业生全部通过了毕业设计答辩，顺利毕业。

20 世纪 50 年代，新中国刚刚成立，中苏关系处于历史上最好时期，苏联给予了刚刚成立的新中国各个方面的帮助，特别是在科技方面，派遣一批苏联专家对中国进行指导。1955 年 9 月，当时刚刚成立的锅炉专业也来了一名苏联专家——卫加耶夫。

当时高等教育部规定要求全面学习苏联，并重视与苏联人民的友谊。陈学俊积极响应党的号召，另一方面也是由于刚刚成立的锅炉专业比较薄弱，陈学俊向苏联专家进行了虚心的学习，并在相互的交往中产生了良好的友谊。1955 年 9 月，教研室开始招收两年制研究生，苏联专家指导 1 人，陈学俊指导 3 人，分别是林宗虎、张兴华、宓提昌。其中林宗虎于 1995 年当选为中国工程院院士，这一对院士师生被传为一段佳话。

林宗虎院士是我国著名的蒸汽工程专家，浙江省湖州市人，主要从事热能工程、气液两相流与传热以及多相流测量研究，现为西安交通大学能源与动力工程系教授，热能工程专业博士生导师，国家自然科学基金评审组成员，国家科技奖励机械评委会评委，流体机械国家工程研究中心学术委员会主任，锅炉煤清洁燃烧国家工程研究中心和动力工程多相流国家重点实验室学术委员会委员，中国电机工程学会锅炉专业委员会副主任，中国工程热物理学会副理事长，中国工程热物理学会多相流专业委员会主任，陕西省工程热物理学会副理事长，陕西省计量测试学会副理事长，《中国工程热物理学报》主编，美国《国际工程流体力学》期刊国际顾问等职。1988 年被授予国家级有突出贡献中青年科技专家称号；1989 年被授予陕西优秀科技工作者称号。由于林宗虎在蒸汽工程领域内的出色表现，于 1995 年当选为中国工程院院士。林宗虎院士说，这一个个头衔和成就与导师陈学俊的培养是分不开的，陈学俊做学问的态度以及渊博的学术知识对自己的科研之路产生了重大的影响。

1956 年，交通大学招收四年制研究生，最初拟在四年制研究生毕业时授予其副博士学位，后由于种种原因并未执行。全校总共招收四年制研究生三人，其中陈学俊指导一人，这个人后来也成为我国动力工程方面的著名专家，他就是陈听宽。在多年的师生合作中，他们建立了深厚的师生之情，这段情谊经过了风风雨雨的考验。“文革”期间，陈学俊被冠以种种莫须有的罪名，当专案组找到陈听宽让其检举老师陈学俊时，他说道：“陈学俊没有什么问题，你们不要再搞了。”在那个年代，能说一句真话特别是能为一个正在受迫害的人说一句真话是需要冒风险的。

1956年，陈听宽于交通大学机械系本科毕业，同年随校西迁，1960年西安交通大学研究生毕业，留校任教至今。历任西安交通大学锅炉教研室主任、多相流与传热研究室主任、动力工程多相流国家重点实验室副主任、动力工程多相流国家重点实验室主任、中国工程热物理学会能源分会委员、多相流专业委员会委员，1991年获国务院颁发的突出贡献证书和政府特殊津贴，1998年获国家有突出贡献中青年专家称号。

1980年，国务院学位制度公布，陈学俊被聘为国务院学位委员会工科评议组成员、第一批批准的博士生导师，至今已经培养了硕士14名、博士30名以及博士后

1982年9月在兴庆公园与研究生陈听宽、林宗虎、朱才广、孙家庆、周芳德、田永生、陈立勋、张鸣远合影

1名。其中指导的一名博士于1990年被国家教委评为"有突出贡献的中国博士学位获得者"。已毕业的在高等学校工作的博士目前已有12人任教授，6人为副教授，其中6人担任博士生导师。

郭烈锦于1989年获西安交通大学热能工程博士学位，随后留校任教，现为西安交通大学能源与动力工程学院院长、动力工程多相流国家重点实验室主任，教育部首批"长江学者奖励计划"特聘教授。1992年，年仅29岁的郭烈锦被直接从讲师破格提升为西安交通大学教授，这在当时的西安交大引起了不小的轰动。1999年，他又被聘为我国第一批长江计划特聘教授。经过多年的

1990年春，陈学俊与所指导的七位博士生留影于西安交通大学东花园

辛勤钻研，郭烈锦已在一系列重大课题上取得了突破。

陈学俊的学生遍布热能工程领域，如今的陈学俊虽已是一个耄耋老人，为科技教育事业工作了六十多年，但他并没有因此而停止工作，他仍然在努力为我国培养高层次、高素质的优秀创新型人才而做着自己的贡献。

第十七章　晚年生活　安然悠闲

2008年11月的一天早晨，在料峭的寒风中，作者与一位步履蹒跚、神情淡定的老人不期而遇。在西安交大校园里的彩虹桥上，这位年近九旬的老人依旧穿着一件深灰色的呢子大衣，带着厚实的毛围巾在瑟瑟秋风中缓步前行。在他身旁的是一个年轻人，年轻人的神情有些紧张，他一直盯着老人的双腿。突然地上的一块凸起让老人的身体晃了一下，一旁的年轻人赶紧扶住了他，可老人冲年轻人微微一笑，摆了摆手不要他扶，年轻人有些不知所措地说："老师，我还是扶着您吧！"可老人眼中却流露着坚定的倔强，继续漫步，他正是陈学俊。不久前，他不小心摔了一跤，在医院住了很长一段时间，出院后的他每天坚持锻炼，家人和学生不放心，常常不愿他出门，又拗不过他的倔强，于是便轮流陪在他身边。可他不把自己当病人，即使有人陪也要自己走，他说坚持锻炼才是健康之本，所以只要条件允许每天他都在从家里到实验室的小路上走个来回，边散步边和家人或学生谈天说地。

一般的老人60岁左右便退休在家，喝茶、打太极、照看孙辈，清闲地安度晚年，而近九十高龄的陈学俊一直要求自己发挥余热。这位耄耋老人的晚年常常还过着家里、实验室、办公室三点一线的生活，这样安排紧凑的生活对他而言反而更有价值。他为教育事业和社会建设发展贡献了几十年，早已离不开天天陪伴他的“老友”了。除了对工作的热爱，现在的陈学俊最大的兴趣就是和老伴一起听音乐、散步、打太极、游泳。

音乐对一个人的心灵熏陶起着至关重要的作用，《乐记》中就说：“先王之制礼乐也，非以极口腹耳目之欲也。将以教民平好恶，而反人道之正也……乐至则无怨。乐行则伦清，耳目聪明，血气平和，移风易俗，天下皆宁。”从小就喜欢音乐的陈学俊可以说一直接受乐教的洗礼，在美国工厂实习及普渡大学读书时又学习了小提琴、和声与声乐三门音乐修养课，以后但凡有交响乐演出或其他文艺演出，他都十分关注，甚至清楚地记得每一年维也纳新春音乐会的指挥。一生与音乐的结缘，带给他儒雅淡然的气度，音乐使他和相伴一生的妻子袁旦庆步入婚姻的殿堂，音乐在他心情烦躁的时候带

2007年"俄罗斯民歌"合唱节开幕式合影（第一排左五、左六为陈学俊夫妇）

给他细流般的润泽，音乐激发他创意思维的灵感，音乐带他走向更广阔的思考空间……

在他的家中，音乐无疑是交流的一个方式，他的书架上放着很多磁带和光碟，都是举行家庭音乐会时录制的。几乎每个星期六的晚上，他都会叫上家人，放上几首钢琴曲，一边欣赏，一边学习，以提高自己的弹奏水平。朋友知道他的爱好，总会贴心地寄来几盘音乐磁带，让陈学俊十分高兴。对音乐的喜爱使陈学俊远离世俗的喧嚣，他在肖邦、莫扎特、贝多芬的音乐中思考，在米尔斯坦、海飞兹、蒂博的音乐中凝神，音乐带给他的不仅仅是优美的旋律和充满哲理性的思索，还有最真挚的情感，或宁静典雅，或震撼鼓舞，或欢喜快乐……音乐使他保持着内心的宁静，音乐使他保持着高尚纯洁的优雅气质，音乐使他保持着“不以物喜，不以己悲”的平和心境，音乐宛若柔滑的暖风，不经意间便渗透他的皮肤，直达他的心灵深处，带给他感情的超越和境界的升华。每当有艺术演出时，陈学俊是最忠实的爱好者，芭蕾舞、仿唐乐舞、歌剧、联欢晚会、雕塑展、绘画展等各种形式他都欣然前往，每看完一场都意犹未尽地要写几句自己的感受。

除了音乐带来的惬意，陈学俊还很喜欢体育运动。游泳是他最拿手的体育项目，他常以八十多岁还想要在黄河里游泳的毛泽东为学习的榜样，每隔一段时间他就和家人一起找一个安静的地方，小住几日，每天都要游上一会儿，兴起时还要和年轻人比试一场，赢了便兴高采烈，输了还不服地要再来一次。除了游泳，他也喜欢打乒乓球，学校球馆里有时还能见到他的身影。每当有人问起陈学俊高寿的秘诀时，他便告诉别人：“用音乐修养心灵，用运动保护身体。保持愉快的心情和健硕的身体，用一颗淡定自若的心灵看待周围的一切就能一直年轻。”他还对网球、羽毛球等体育比赛格外关注，每届奥运会，他都是最忠实的观众。特别是在北京举行的第29届夏季奥林匹克运动会，他更是全程观看，既满足了他艺术上的享受，也满足了他对体育的热爱之情。

当北京奥运会开幕式以笔墨纸砚文房四宝为发端，将悠悠中华五千年的历史缓缓展现，汇聚成一幅承载着亿万中国人寸寸热情的画卷徐徐打开时，陈学俊不禁为我国悠久的历史深深感到自豪，“太古遗音”、四大发明、汉字、戏曲、丝绸之路都是我国传统文化的历史沉积，星光、自然、蓝色星球、梦想更是现代中国崭新的姿态、一首优美动听的主题曲将中国温文尔雅、友好待人的姿态展现给世界，陈学俊看得激动万分，久久不能平静。开幕式之后一个月的赛事，中国健儿取得优异的成绩，陈学俊更觉过足了瘾，这是2008年最让他兴奋和激动的事了。

但让人激动的2008年也有让人一辈子难以忘怀的苦痛，这就是揪着亿万人心的汶川大地震。看到那么多人丧失家园，失去亲人，陈学俊心中升起无法言说的痛，他和老伴第一时间决定支援灾区，多次向受灾地区捐款。

除了对社会的关注，陈学俊对朋友的情谊也是有口皆碑的。他与朋友情同手足，即使青少年时代交下的朋友，也一直保持来往。即使在花甲之年、古稀之年，乃至耄耋之年，只要有机会他都前往上海、南京、安徽各地甚至海外探望青年时、中年时甚至老年时的朋友。他经常给好友陈松柏寄钱，因为年龄大了，又患了老年痴呆，只有一个女儿在照顾陈松柏，很不容易。他说：“朋友是在你痛苦或欢乐的任何时刻都会义无反顾地关心你、支持你的人，朋友有困难，你不让他独自承受，而是与他携手共济，这就是友谊。”因此逢年过节，他会给远在异国他乡的朋友寄去一张问候的卡片，或是打上一通温情的电话，离得近的干脆就登门造访，三五好友齐聚一堂，好不热闹。

多年过去，许多曾经的朋友都已不在人世，但陈学俊一直没有忘记他们，他常常想起年轻时和那些友人在一起的情景，有悲伤也有欢喜，但他们无论遭遇什么，都保持着对对方的真挚友情。他时常告诫学生，一切真挚情感都要珍视，不只是对朋友，还要对身边的每个人。

每次到南京陈学俊都会到雨花台，站在那里朝着祖母墓地的方向朝拜。陈学俊每每想起祖母，都心存感激。这位受人尊敬的“陈老太太”虽然没什么文化，但她勤俭持家、勤劳认真、善良温柔的品德给陈学俊留下了很深的印象，也对他产生了极大的影响，成为他一生做人处世的标准。

对于儿女子孙的教育，特别是孙子孙女的学习生活，陈学俊格外关注。孙女想要申请攻读研究生课程，陈老亲自整理好几个学校的申请材料寄给孙女。孙女也继承了爷爷处事低调的作风，在大学毕业典礼上，孙女作为优秀毕业生代表上台领奖，意外发现给自己颁奖的竟然是爷爷，祖孙两人都十分诧异。周围的人在这个时候才知道原来陈学俊的孙女也就读于西安交通大学。对于孙子的工作，陈学俊和老伴也很关注，但常常只提出一些意见供孙子参考，并不强制要求孙子按照他们的想法生活。

远在海外的女儿时常打来电话，与老两口聊聊家常，商讨一下工作事宜。每逢中国的传统节日，儿女也总会伴随在二老身边，共享天伦。陈家总是有各种庆祝方式，包粽子、吃饺子、赏圆月，他们对中国传统文化的热爱让这个分布在海内外的大家庭紧紧地把心连在一起。不难发现，在父母的影响下，陈家的子孙都性格温柔，处事低调，正直善良。也正是因为有这些美好的品性做基础，陈学俊的子女个个学有所成，事业都有所建树。

对学生，他以身作则，严格要求，教育学生先做人后做事。即使退下讲台，陈学俊依然关注学生们的学习和科研，孜孜不倦。每年春节他都亲自看望没有回家的学生，有一年，雪下得很大，路上很滑，学生们却惊喜地发现老师风雨无阻地带着礼物来看望他们，大家都非常感动，感受到了家一般的温暖。有一次，一位学生穿着随便地参加论文答辩，陈学俊毫不客气地批评了他，教育他一个人的服装不需要多么华丽，但一定要干净整洁，外表在一定程度上会给别人留下很深的第一印象，不修边幅容易给老师造成不良的印象。学生没想到这样的小事老师都会如此关注，立刻换了一身干净的服装，顺利通过了答辩。学生们常说，老师就是一面镜子，一个榜样，这个榜样的力量是无穷的。他儒雅的言谈、正直的性格、低调的态度、丰富的知识都是学生们追求的方向。

2004 年 3 月 5 日，在南洋大酒店多功能厅内，西安交通大学能动学院为中国科学院院士、第三世界科学院院士陈学俊教授举行了简朴而隆重的 85 岁华诞庆典大会，郑南宁校长、项新时副书记出席了庆典，并代表学校党、政部门向陈院士赠送了由著名书法家钟明善教授书写的“寿德同辉”牌匾。郑校长在庆典上发表了热情洋溢的讲话，赞扬陈学俊院士多年来所取得的学术成就以及对学科、学校及国家的重要贡献，并祝陈院士夫妇健康长寿。九三学社中央委员会和陕西省管理科学研究会对这位年过八旬的长者表示祝贺。晚上，能源与动力工程学院、动力工程多相流国家重点实验室还为陈先生举办了生日庆典晚宴。那时的陈学俊在答谢词中说道：

“我在教学科研工作中也取得一些成绩……但这些都是我与工程热物理研究所及多相流国家重点实验室许多同志包括硕士、博士研究生的集体的成果，我只是其中的一员，应当归功于集体，我对这些同志表示崇高的敬意……我现在身体健康情况良好，将一如既往，做力所能及的工作，与时俱进，为把我校建成世界知名的高水平的大学做出自己应有的贡献。”

几年过去了，现在的陈学俊每天的生活几乎和年轻时没有任何不同，只是这位经历了艰难挫折的老学者，在晚年时增添了更多笑对人生的坦然和修养身心的惬

2002年元月18日陈学俊携夫人共同走在深圳市新建公园的同心桥上

意。不出差时，他常与家人游览西安周边风景秀丽的山水，或收看激动人心的体育赛事，或泛舟清涤的兴庆湖上，或欣赏古香古色的仿唐乐舞演出，或观看优美动人的芭蕾舞，或聆听震撼人心的交响乐；出差在外，只要允许他一定与老伴携手同行，共同感受不同城市的别样风情。经历了那么多的艰辛和苦难，如今誉满四海的陈学俊，脸上没有洋洋得意的炫耀，也没有理所当然的享受，有的只是一份不服老的坚持和波澜不惊的淡定，晚年对他来说又是一个暖春的开始。

附录　著作年表

一、学术论文

1. 陈学俊．现代锅炉的发展情形和制造方法．机械技术讨论会．机械制造，1950,9:17-18
2. 陈学俊．我国动力锅炉设计特点及其发展方向．交通大学学报，1958,2:109-120
3. 陈学俊．动力锅炉现阶段科学技术水平的分析及我国动力锅炉发展中应研究的科学技术问题．西安交通大学学报，1962,2:111-124
4. 陈学俊．大容量电站主力机组锅炉循环方式与锅炉特性分析．机械工程学报，1979,11
5. 陈学俊．管内气—水双相混合物转弯流动特性的研究．西安交通大学学报，1981,15(2):47-53
6. 陈学俊．大型火电厂主力机组的锅炉循环方式与锅内特性的分析．电力技术，1981,3:1-8
7. 陈学俊．螺旋管式蒸汽发生器的流动与换热特性．核动力工程，1982,3(5):52-60

8. 张鸣远、陈学俊．螺旋管内气—水两相流流型转换的研究．核科学与工程，1983,3(4):298-305

9. 陈学俊、孙家庆．回转式空气预热器的传热特性研究．动力工程，1984,1:1-8

10. 高华魂、周芳德、陈学俊．用电导法测定两相流平均截面含气率的试验研究．工程热物理学报，1985,6(1):56-59

11. 田永生、陈立勋、陈学俊．筛孔板漏液规律的研究．西安交通大学学报，1985,19(6):95-104

12. 陈学俊、周芳德、郭烈锦．立式螺旋管内气液两相向下流动的流型及转变特性．工程热物理学报，1987,8(1):55-59

13. 林宗虎、王栋、陈学俊．临界热流密度值模化方法研究．西安交通大学学报，1987,21(5):33-40

14. 周芳德、陈学俊．螺旋管内气液两相流动和传热特性的研究．西安交通大学学报，1987,21(5):123-126

15. 陈学俊、周芳德、陈立勋．管内汽液两相流动摩擦阻力的试验研究．动力工程，1989,1:1-6

16. 刘尧奇、陈听宽、陈学俊．高压汽水两相流孔板测量的研究．工程热物理学报，1989,10(1):66-68

17. 陈听宽、陈宣政、陈学俊等．内螺纹管高压汽水两相流摩擦压降特性的研究．动力工程，

1989,3:10-15

18．陈听宽、陈宣政、陈学俊等．内螺纹管近临界压力区两相流沸腾传热特性的研究．工程热物理学报，1989,10(2):190-192

19．杨耀宾、许晋源、陈学俊．射流对冲搅拌式高强度煤粉燃烧器的研究．工程热物理学报，1989,10(3):335-337

20．陈听宽、陈宣政、陈学俊等．近临界压力区两相流沸腾传热特性的研究．锅炉技术，1990,1:1-8

21．张鸣远、陈学俊等．双排叉排孔气膜冷却特性研究．航空动力学报，1990,5(1):1-10

22．刘尧奇、陈听宽、陈学俊．计算气液两相含气率的一个二维二速度模型．核科学与工程，1990,10(1):11-19

23．毕勤成、林宗虎、陈学俊．垂直U形管内沸腾流动不稳定性的研究．热力发电，1990,3:38-44

24．黎耘、陈学俊、张鸣远．卧式螺旋管内气液两相流截面含气率的研究．动力工程，1990,10(3):28-31

25．刘尧奇、陈听宽、陈学俊．应用耗散结构理论研究两相流动不稳定性的探讨．应用力学学报，1990,7(2):90-96

26．郭烈锦、陈学俊、周芳德．卧式螺旋管内气液两相

含气率的试验与理论研究．核科学与工程，1990,10(3):191-200

27．陈听宽、陈宣政、陈学俊等．亚临界及近临界压力区垂直水冷壁光管和内螺纹管传热特性的试验研究．动力工程，1991,11(1):17-22

28．陈学俊、刘尧奇、陈听宽．垂直下降管内汽水两相流截面含汽率．核科学与工程，1991,11(1):12-17

29．陈学俊．多相流研究的进展．自然科学进展，1991,2:113-118

30．张鸣远、邹福康、陈学俊．Ludwig 风洞内气膜冷却研究的实验和测量技术．动力工程，1991,11(2):60-65

31．刘尧奇、陈听宽、陈学俊．用锐边孔板对气(汽)液两相流进行测量的发展与研究．热能动力工程，1991,6(4):198-204

32．陈听宽、刘尧奇、陈学俊．垂直下降沸腾管的壁温工况．工程热物理学报，1991,12(3):309-313

33．王昂、刘衍烈、陈学俊．多段多点进料搅拌设备的停留时间分布与返混特性．化学工程,1991,5:45-55

34．郭烈锦、陈学俊．卧式螺旋管内汽液两相泡状流转变的理论预报模型．核科学与工程，1991,4:289-293

35．刘尧奇、陈学俊、陈听宽．垂直下降管内高压汽、水两相流动及沸腾传热特性研究．自然科学进展，1992,1:33-42

36．周云龙、陈听宽、陈学俊．200MW 模块式高温气冷反应堆蒸汽发生器设计．核科学与工程，1992,12(1):25-34

37．肖岷、陈学俊、张鸣远．平行管内汽液两相流动不稳定性的多变量传递矩阵模型分析．工程热物理学报，1992,1:27-32

38．周云龙、陈听宽、陈学俊．螺旋管内高压汽水两相流不稳定性试验研究．工程热物理学报，1992,1:57-61

39．郭烈锦、陈学俊、周芳德．卧式螺旋管内泡状流转变的研究．核动力工程，1992,2:74-78

40．周云龙、陈听宽、陈学俊．多头螺旋管式蒸汽发生器的设计计算．核动力工程，1992,3:1-8

41．王昂、刘衎烈、陈学俊．具有两种进料流搅拌设备的停留时间分布模型．西安交通大学学报，1992,3:85-92

42．刘尧奇、陈听宽、陈学俊．垂直下降沸腾管两相流传热恶化研究．化工学报，1992,3:372-377

43．郭烈锦、陈学俊．管内汽液两相环状流转变的机理

研究．核科学与工程，1992,2:97-105
44．郭烈锦、张鸣远、陈学俊．列管式废热锅炉火管管间液体流速场和温度场的试验研究．化工学报，1992,4:461-468
45．崔震华、贾斗南、陈学俊．U 形管蒸汽发生器模型化与动态仿真．核科学与工程，1992,3:213-220
46．周芳德、陈学俊、王家纯．亚临界及近临界压力区竖直管内沸腾传热实验研究．核动力工程，1992,6:40-45
47．周芳德、陈学俊、王家纯．油气水三相流流量测量的研究．工程热物理学报，1992,4:384-388
48．张鸣远、刘尧奇、陈学俊．降膜蒸发管内液体夹带及传热恶化特性的研究．化工学报，1993,2:199-205
49．王侃、谢仲生、陈学俊．三维六角形节块多群中子扩散程序 NDHEX．核动力工程，1993,4:326-334
50．王平、陈学俊、朱继洲．超功率下金属燃料钠冷快堆的动态仿真．核动力工程，1993,5:445-450
51．郭烈锦、张鸣远、陈学俊．大型合成氨(含尿素)设备氨汽提塔汽提管内液泛 (Flooding) 特性的研究．自然科学进展，1993,6:544-552
52．阴建民、谭连城、陈学俊．R13B1 与 R152a 专用状

态方程的研究．工程热物理学报，1993,4:349-352

53．车得福、林宗虎、陈学俊．气泡在液体中形成的试验研究．钢铁研究学报，1994,9-14

54．车得福、林宗虎、陈学俊．气泡在垂直向上流动液体中的形成．西安交通大学学报，1994,2:97-102

55．马卫民、陈学俊、张鸣远．管壳式换热器内气液两相流冲刷管束的流型研究．化工机械，1994,1:8-12

56．刘尧奇、陈听宽、陈学俊．垂直管内汽水两相下降流动和上升流动时的沸腾传热特性．核科学与工程，1994,1:21-27

57．陈学俊．多相流热物理研究的进展．西安交通大学学报，1994,5:1-8

58．陈学俊、朱长新、周芳德．水平管束池沸腾换热机理的研究．西安交通大学学报，1994,5:108-113

59．朱长新、陈学俊、张鸣远．强化表面管束池沸腾传热的实验研究．西安交通大学学报，1994,5:114-119

60．郭烈锦、陈学俊、张鸣远．卧式螺旋管内汽水两相流沸腾传热特性研究．西安交通大学学报，1994,5:120-124

61．张鸣运、郭烈锦、陈学俊．闭式两相热虹吸管冷却段内凝结换热特性研究．西安交通大学学报，1994,

5:125-129

62．荆建刚、张鸣远、陈学俊．倾斜管内气液两相上升流动流型转变的研究．西安交通大学学报，1994,5:143-150

63．马卫民、张鸣远、陈学俊．气液两相流冲刷水平管束的阻力特性研究．动力工程，1994,3:25-30

64．李会雄、周芳德、陈学俊．水平管内单相切向旋流流动特性的LDV实验研究．西安交通大学学报，1994,6:132-140

65．车得福、林宗虎、陈学俊．倾斜下表面上形成的气泡形状及尺寸．高校化学工程学报，1994,2:190-194

66．李会雄、周芳德、陈学俊．管内湍流旋流的数值计算．应用力学学报，1994,2:19-24

67．朱长新、陈学俊、周芳德．氟里昂R-113在水平管束管外池沸腾实验研究．化工学报，1994,4:470-474

68．朱长新、陈学俊、张鸣远．釜式再沸器管束中循环流动换热的预报模型．化工学报，1994,5:551-559

69．郑建学、陈听宽、陈学俊．600MW超临界锅炉螺旋管圈水冷壁特性的研究．热力发电，1994,6:1-11

70．李广军、郭烈锦、陈学俊．倾斜圆管内气液两

相分层流界面的稳定性分析．化工学报，1994，6:738-742

71．郭烈锦、陈学俊．卧式螺旋管式蒸汽发生器管内沸腾传热恶化的实验研究．核科学与工程，1994，4:289-295

72．马卫民、张鸣远、陈学俊．管壳式换热器内气液两相流冲刷垂直管束的阻力特性研究．应用力学学报，1994,4:51-56

73．徐进良、陈听宽、陈学俊．两相临界流．力学进展，1995,1:77-84

74．王平、朱继洲、陈学俊．中国试验快堆（CEFR）典型事故工况下的瞬态分析．核动力工程，1995，2:102-107

75．李广军、郭烈锦、陈学俊．倾斜方管内气液两相分层流界面的稳定性分析．西安交通大学学报，1995，5:76-82

76．郑建学、陈听宽、陈学俊．600MW 超临界锅炉垂直管圈水冷壁及其优劣．热力发电，1995,3:5-10

77．马卫民、张鸣远、陈学俊．列管式余热锅炉内垂直管束的截面含气率测量．动力工程，1995,3:46-51

78．朱长新、陈学俊、周芳德．水平管束沸腾的均相循环流动模型．西安交通大学学报，1995,6:70-75

79．王平、陈学俊、朱继洲．超功率事故下氧化物燃料快堆的动态仿真．核科学与工程，1995,2:129-135

80．周芳德、陈学俊、陈宣政．油气水三相流截面相份额光纤探针／电导探针组合测量技术．西安交通大学学报，1995,8:32-36

81．周云龙、陈听宽、陈学俊．蒸发管内汽液两相流不稳定性线性均相模型．化学工程，1995,5:49-54

82．李会雄、周芳德、陈学俊．管内切向旋流的衰减特性研究．西安交通大学学报，1995,11:12-18

83．周云龙、陈听宽、陈学俊．蒸发管内汽—液两相流不稳定性线性分相模型．水动力学研究与进展（A辑），1995,6:594-601

84．王平、朱继洲、陈学俊．氧化物燃料快堆的事故瞬态分析．核动力工程，1995,6:523-527

85．陈学俊．迅速发展中的一门新兴交叉学科．西安交通大学学报，1996,4:12-20

86．冯自平、郭烈锦、陈学俊．卧式螺旋管内汽液两相流不稳定性试验研究．工程热物理学报，1996,2:219-223

87．李会雄、周芳德、陈学俊．水平管内汽液两相旋流的流型及其变化规律．西安交通大学学报，1996,5:23-29

88．毕勤成、陈听宽、田永生、陈学俊．螺旋管内高压汽水两相流传热恶化规律的研究．西安交通大学学报，1996,5:30-35

89．冯自平、郭烈锦、陈学俊．卧式螺旋管汽液两相压力降脉动试验研究．西安交通大学学报，1996,30(6):54-60

90．郑建学、陈听宽、陈学俊．600MW 变压运行直流锅炉水冷壁内螺纹管内壁换热特性的研究．中国电机工程学报，1996,4:271-275

91．马卫民、陈学俊、张鸣远．卧式螺旋管蒸汽发生器快速启动时的壁温工况．自然科学进展，1996,5:124-127

92．毕勤成、陈听宽、田永生、陈学俊．高温气冷堆蒸汽发生器螺旋管汽水两相流摩擦阻力特性实验研究．核动力工程，1996,5:42-47

93．郭烈锦、李广军、陈学俊．卧式螺旋管内油—气两相流流型的研究．工程热物理学报，1996,4:472-476

94．李会雄、周芳德、陈学俊．水平管内气水两相旋流的速度测量与分析．工程热物理学报，1996,1:207-210

95．白博峰、郭烈锦、冯自平、陈学俊．卧式螺旋管内

紊流传热．化工学报，1997,1:16-21

96．白博峰、郭烈锦、陈学俊．非线性二维稳态导热反问题的一种新解法．工程热物理学报，1997,2:201-204

97．郭烈锦、冯自平、陈学俊．螺旋管锅炉反应器管内汽液两相流压力降脉动研究．工程热物理学报，1997,2:225-229

98．李云龙、吴一宁、林宗虎、陈学俊．布置方式对U形管不稳定性的影响．应用力学学报，1997,1:13-18

99．郭烈锦、李广军、陈学俊．卧式螺旋管内油—气—水三相流流型的实验研究．西安交通大学学报，1997,4:56-62

100．冯自平、郭烈锦、陈学俊．卧式螺旋管内烧干特性．化工学报，1997,2:180-185

101．李广军、郭烈锦、陈学俊．垂直管内气液两相逆向流动中界面波特性及液泛现象研究．西安交通大学学报，1997,5:17-22

102．郑建学、陈听宽、陈学俊．超临界压力锅炉蒸发受热面动态数学模型及压力响应特性．工程热物理学报，1997,4:489-492

103．李广军、郭烈锦、陈学俊．气液两相流界面波的

双平行电导探针测量方法研究．计量学报，1997, 3:9-14

104．李广军、郭烈锦、陈学俊．卧式螺旋管气液两相流摩擦阻力特性研究．动力工程，1997,4:33-37

105．白博峰、郭烈锦、陈学俊．最小二乘原理求解多维瞬态导热反问题．计算物理，1997,14(4,5): 696-698

106．吴一宁、林宗虎、陈学俊．垂直布置倒U型管内汽液两相流稳态特性及脉动特性研究．热能动力工程，1997,12(5):324-326

107．郑建学、陈听宽、陈学俊．超临界变压运行垂直上升内螺纹管壁温特性．热力发电，1997,5:9-13

108．毛一平、张鸣远、陈学俊．垂直上升管内非牛顿流体流动沸腾的壁温工况和临界热负荷．工程热物理学报，1997,18(6):744-748

109．郑建学、陈听宽、陈学俊．单相受热管动力学模型．力学进展，1997,27(4):538-548

110．李广军、郭烈锦、陈学俊．水平矩形管内气液两相流界面波特性．化工学报，1997,48(6):740-744

111．李广军、郭烈锦、陈学俊．气液两相流界面波非线性稳定性分析研究．西安交通大学学报，1997, 32 (3):46-51

112．冯自平、郭烈锦、陈学俊．卧式螺旋管压力降脉动瞬态及时均传热特性研究．核工程与科学，1998,18(1):6-12

113．李广军、郭烈锦、陈学俊．方管内气液两相流界面波统计特性分析．西安交通大学学报，1998,19(2):228-232

114．李广军、郭烈锦、陈学俊．气液两相分层流界面液膜高度的测量与预测．西安交通大学学报，1998,32(5):44-48

115．李广军、郭烈锦、陈学俊．立式螺旋管气液两相流摩擦阻力特性研究．西安交通大学学报，1998,26(4):32-33

116．毕勤成、陈听宽、田永生、陈学俊．HTGR 蒸汽发生器螺旋管内壁温分布和传热恶化规律的研究．核动力工程，1998,19(5):24-28

117．陈学俊．多相流热物理进展．世界科技研究与发展，1998,(5):71-72

118．马卫民、张鸣远、陈学俊、孙科霞．卧式螺旋管内的沸腾临界后传热．工程热物理学报，1998,19(5):633-636

119．向宇、郭烈锦、陈学俊．气液两相弹状流动中气弹及其尾流气泡参数的瞬态测量．西安交通大学

学报，1998,32(10):25-28

120．向宇、郭烈锦、陈永利、陈学俊．气液两相雾化器喷雾噪声频谱特性的实验研究．西安交通大学学报，1998,32(11):51-54

121．孙科霞、张鸣远、陈学俊．水平管泡状流界面浓度研究．西安交通大学学报，1999,33(6):27-30

122．朱长新、张鸣远、陈学俊．水在水平管束管外池沸腾传热的实验研究．西安交通大学学报，1999,33(7):48-51

123．陈学俊．二十一世纪中国的能源．环境，1999,(8):6

124．孙科霞、张鸣远、陈学俊．水平管泡状流局部统计特性的实验研究．核工程与科学，1999,19(3):228-233

125．孙科霞、陈学俊、张鸣远、杨健．应用双头电导探针技术测量气液两相泡状流局部参数．计量学报，1999,20(4):297-303

126．孙科霞、陈学俊、张鸣远、杨健．水平管泡状流相分布特性．化工学报，1999,50(5):719-725

127．李广军、郭烈锦、高晖、于立军、黄建春、陈学俊．螺旋管内油—水液液两相流流型．化工学报，2000,50(2):239-242

128．白博峰、郭烈锦、陈学俊．基于反传神经网络和压差波动识别气液两相流流型．化工学报，2000, 51(6):848-852

129．白博峰、郭烈锦、陈学俊．热流密度对汽水两相流压力波动特性的影响．核动力工程，2001,1:1-6

130．白博峰、郭烈锦、陈学俊．气液两相流流型 BP 网络识别．计量学报，2001,22(2):122-127

131．白博峰、郭烈锦、陈学俊．空气水两相流压力波动现象非线性分析．工程热物理学报，2001, 22(3):359-362

132．白博峰、郭烈锦、陈学俊．气液两相流流型在线智能识别．中国电机工程学报，2001,21(7):47-51

133．何利民、郭烈锦、陈学俊．水平管道段塞流特征参数的压差波动分析．工程热物理学报，2002, 23(2):227-230

134．白博峰、郭烈锦、陈学俊．空气—水两相流压差波动研究．中国机电工程学报，2002,22(3):23-27

135．何利民、郭烈锦、陈学俊．通球清管过程中微起伏管内的段塞流特性试验研究．西安交通大学学报，2002,36(7):674-678

136．周云龙、孙斌、陈听宽、陈学俊．螺旋管中气—水两相流强制对流沸腾传热研究．核科学与工程，

2002,22(3):217-219

137．何利民、郭烈锦、陈学俊．测量水平管道液塞速度和长度的差压波动分析法．化工学报，2003,54(2):192-198

138．陈学俊．能源工程的发展与展望．西安交通大学学报，2003,23(2):1-7

139．陈学俊．能源动力工程的发展与展望．热力发电，2003,(7):2-6

140．何利民、郭烈锦、陈学俊．水平管道段塞流特征参数试验研究．化工学报，2003,31(4):37-41

141．白博峰、郭烈锦、陈学俊．气液两相流压力波动特性．水动力学研究与进展(A 辑)，2003,18(4):476-482

142．陈学俊．能源动力工程的发展与展望．世界科技研究与发展，2004,1:1-6

143．白博峰、陈学俊．垂直上升管泡状流压力波动的多尺度分析．工程热物理学报，2004,3:427-430

144．陈学俊．对能源科学与工程发展的若干建议．中国科学院院刊，2005,6:17-21

145．张少军、屠若男、杨沛胥、雷振华、陈学俊．工业锅炉鳍片管温差应力计算及结构设计．工业锅炉，2006,6:1-6

146. Xu, J.L., Chen, T.K., Chen, X.J.. Critical flow in convergent-divergent nozzles with cavity nucleation model. *Experimental Thermal and Fluid science,* 1997, 14(1): 166-173

147. Li, G.J., Guo, L.J., Chen, X.J.. An experimental investigation on the interfacial waves in air-water two-phase flow within horizontal pipelines. *Chinese Journal of Chemical,* 1997, 5(4):316-324

148. Guo, L.J., Chen, X.J., Xu, C.Z., Guo, C.B., Lai, K.M.. Forced convection boiling heat transfer and dryout characteristics in helical coiled tubes with various axial angles. *Heat Transfer,* 1998, 2: 261-266

149. Li, G.J., Guo, L.J., Chen, X.J., Chen, Y.L.. Statistical characteristics of the interfacial waves in horizontal gas-liquid two-phase stratified flow. *Progress in Natural Science,* 1998, 8(4): 444-450

150. Xiang, Y., Sun, K,X., Guo, L,J., Chen, X.J.. Detachment size measurement of two interacting bubble plumes formed at neighboring needles using an acoustic method. *Chinese Journal of Chemical Engineering,* 1999, 7(2):145-153

151. Chen, X.J., Guo, L.J.. Flow instabilities and

transient convective heat transfer in a helical coiled tube with pulsatile steam-water two phase flow. *Multiphase Flow and Heat Transfer,* 1999, 14-36

152. Sun, K.X., Zhang, M.Y., Chen, X.J.. Local measurement of gas-liquid bubbly flow with a double-sensor probe. *Chinese Journal of Chemical Engineering,* 2000, 8:33-40
153. Li, G.J., Guo, L.J., Chen, X.J.. Interfacial wave patterns and their transitions in gas-liquid two-phase flow through horizontal ducts. *Nuclear Science and Techniques,* 1998, 9(1):39-44
154. Sun, K.X., Zhang, M.Y., Chen, X.J.. Phase distribution in horizontal gas-liquid two-phase bubbly flow. *Nuclear Science and Techniques,* 1999, 10(3):184-189
155. Li, G.J., Guo, L.J., G, H., Yu, L.J., Huang, J.C., Chen, X.J.. Flow pattern of oil-water liquid-liquid flow in helically coiled tubes. *Journal of Chemical Industry and Engineering* (China), 2000, 51(2): 239-242

二、专著及译著

1．陈学俊．蒸汽动力厂．上海：龙门联合书局，1950

2．陈学俊．燃气轮机动力厂．上海：龙门联合书局，1950

3．陈学俊．燃气轮机．上海：龙门联合书局，1951

4．陈学俊．实用汽轮机学．上海：龙门联合书局，1953

5．陈学俊．锅炉学．上海：大东书局，1955

6．陈学俊．锅炉学．上海：科技卫生出版社，1956. 1958

7．陈学俊．锅炉学．上海：科学技术出版社，1959

8．陈学俊．锅内过程．北京：中国工业出版社，1961

9．陈学俊．锅炉整体．北京：中国工业出版社，1962

10．陈学俊、陈听宽．锅炉原理．北京：机械工业出版社，1981

11．陈学俊、袁旦庆．能源工程概论．北京：机械工业出版社，1985

12．陈学俊、陈听宽．锅炉原理．北京：机械工业出版社，1991.10

13．陈学俊．两相流与传热．原理及应用．北京：原子能出版社，1991.6

14．陈学俊．气液两相流与传热基础．北京：科学出版社，1995

15．陈学俊、袁旦庆．能源工程．西安：西安交通大学出版社，2002

16．陈学俊．多相流热物理学．西安：西安交通大学出版社，2005

17．罗姆著．陈学俊等译．锅炉设备．上海：龙门联合书局，1954

18．罗马金著．陈学俊等译．煤粉制备．北京：电力工业出版社，1957

19．李特文著．陈学俊译．热工学的理论基础．北京：人民出版社，1961

20．(英)巴特沃思．D．编．陈学俊等译．两相流与传热．北京：原子能出版社，1985.2